AF314934

ESTAMPES

ANCIENNES ET MODERNES

de toutes les Ecoles

Imprimées en noir et en couleur

LITHOGRAPHIES, EAUX-FORTES

Vignettes, Vues, Costumes

ESTAMPES & DESSINS EN LOTS

Recueils

NOVEMBRE 1904

Commissaire-Priseur :

Mᵉ MAURICE DELESTRE

5, Rue Saint-Georges, 5

Expert :

M. PAUL ROBLIN

65, Rue Saint-Lazare, 65

CATALOGUE

D'ESTAMPES

ANCIENNES ET MODERNES

de toutes les Ecoles

IMPRIMÉES EN NOIR & EN COULEUR

Œuvres de Aldegrever, Beham, Della Bella, Ab. Bosse, Callot, Delaune, Demarteau, Durer, Van Dyck, Fragonard, C. Gellée dit Le Lorrain, Goltzius, Goya, Janinet. Seb. Le Clerc, Le Prince. L. de Leyde, J. Matham, Mellan, Ostade, Pencz, Prudhon, Rembrandt, Sadeler, Saenredam, Saint-Non, Swanevelt-Vaterloo, Wille, Zix, etc., etc.

LITHOGRAPHIES

par Bellangé, Charlet, Gavarni, Goya, Prudhon, Raffet et autres.

VIGNETTES, VUES, COSTUMES

ESTAMPES ET DESSINS EN LOTS

RECUEILS

Composant la Collection de M. Le B.

Dont la vente aux enchères publiques aura lieu

HOTEL DES COMMISSAIRES-PRISEURS, Rue Drouot, Nº 9

Salle Nº 7

Du Mardi 22 au Jeudi 24 Novembre 1904

à deux heures précises.

Par le Ministère de Mᵉ **MAURICE DELESTRE**, Commissaire-Priseur,
5, Rue Saint-Georges, 5

. Assisté par M. **PAUL ROBLIN**, Marchand d'Estampes,
65, Rue Saint-Lazare, 65

PARIS

CONDITIONS DE LA VENTE

Elle sera faite au comptant.

Les acquéreurs paieront *Dix pour cent* en sus des prix d'adjudication.

Dans l'intérêt de la vente, M. Paul Roblin se réserve la faculté de rassembler ou de diviser les lots.

ORDRE DES VACATIONS :

Mardi 22 Novembre. . .	Estampes . . .	N°s 1 à 165
— — . . .	Recueils . . .	— 508 à 593
Mercredi 23 Novembre. . .	Estampes . . .	— 166 à 365
— — . . .	Dessins en lots .	— 507
Jeudi 24 Novembre . . .	Estampes . . .	— 366 à 505
— — . . .	Gravures en lots .	— 506

DÉSIGNATION

ESTAMPES

ADAM (Pierre)

1. Bienfaisance du Roi Louis XVI. — La Maladie de Las-Casas. Deux pièces in-fol. d'après Hersent. Belles épreuves avant la lettre.

ALDEGREVER (Henri)

2. Histoire d'Adam et d'Eve (B. 4, 5). — Adam debout (11). — L'Histoire de Loth (14-17). — Histoire de Joseph (20, 21). — L'Histoire d'Ammon et de Thamar (22-28). Seize pièces. Belles épreuves.

3. L'Histoire de Suzanne (31, 32). — Judith (34). — Dalila (35). — L'Annonciation (38). — La Nativité (39). — La Parabole du Samaritain charitable (40, 43). — Parabole du Mauvais riche (47). — Jésus-Christ à la Croix (49). — Les Quatre Evangélistes (57, 58, 60). Treize pièces. Belles épreuves.

4. Sophonisbe (62). — Tarquin et Lucrèce (63). — Médée et Jason (65). — L'Enlèvement (67). — Mucius Scévola (69). — Annibal et Scipion (71). — Le Père Sévère (73). Sept pièces. Belles épreuves.

5. Les Divinités qui président aux sept planètes (74, 76, 77, 79, 80). — Mars (82). — Hercule et Anthée (96). — Pàris, Vénus et l'Amour (99). — Le Sauveur victorieux (116). Neuf pièces. Belles épreuves.

ALDEGREVER (Henri .

6. Les travaux d'Hercule (83-95). Suite de treize pièces. Belles
    épreuves.

7. Les Vertus et les Vices qui leur sont opposés (117-130).
    Suite de quatorze pièces. Belles épreuves.

8. La Foi (131). — L'Intempérance (132). — La Fortune (143).
    Trois pièces. Belles épreuves.

9. Les Danseurs de Noce (144, 145, 148, 150, 152). — Les Dan-
    seurs de Noce (160-171). Dix-huit pièces. Belles épreuves.

10. Le Soldat (174). — Le Moine et la Religieuse (178). — Triton
    portant deux Néréides (201). — Centaure et femelle de
    Centaure (229). — Gaines (215, 247). Six pièces. Belles
    épreuves.

ALIBERT (A Paris, chez)

11. Renaud et Armide. — La Belle étrangère empoisonnée par
    sa sœur. — Zelica indignée de la hardiesse du faquir
    (2 épr.). Quatre pièces ovales imprimées en couleur.
    Très belles épreuves.

ALIX et LEVACHEZ

12. Histoire de Mathilde et de Malek-Adhel. Suite de quatre
    pièces d'après Blézot et H. Vernet. Epreuves imprimées
    en couleur.

ALTDORFER (Albert)

13. Jésus-Christ chassant les Vendeurs hors du Temple (B. 6).
    — St George (20). — Vénus (33). — Lucrèce (41). — La
    Fable et la Marguerite poétique (43). — Le Sacrifice
    d'Abraham (Bois 41). — St Christophe assis (54). —
    St Jérôme dans sa caverne (57). Huit pièces. Belles
    épreuves

AMÉRIQUE (Pièces sur l')

14. *Lafayette*, in-fol. en pied par Leroux d'après Ary Scheffer. Belle épreuve avec la lettre grise. Marges.

15. Recueil d'estampes représentant les différents événements de la guerre qui a procuré l'Indépendance aux Etats-Unis de l'Amérique. Suite de seize planches in-4 par N. Ponce. Cart.

AMMAN (Josse)

16. Musiciens, Duellistes, Reinier le Renard, etc. Cinquante-huit pièces gravées sur cuivre et sur bois.

ANONYME

17. Allégorie pour la fin du compte rendu (Necker). Belle épreuve, marges.

18. Lettres ornées et fleurons. Treize pièces tirées sur une feuille. Très belles épreuves.

19. Portraits d'hommes. Deux ovales gravés au pointillé et imprimés en couleur. Très belles épreuves avant toutes lettres, en feuilles.

ARTARIA (A. Vienne, chez)

20. Vues de Vienne et des environs. Quatre pièces en couleur publiées *chez Artaria*. Très belles épreuves sans marges.

AUDRAN (Les)

21. Sujets religieux. — Frises. — Portraits, etc. Vingt pièces. Belles épreuves.

BALLONS (Pièces sur les)

22. Le Moment d'Hilarité universelle ou le Triomphe de MM. Charles et Robert au jardin des Tuileries le 1er déc. 1783, par H.-G. Bertaux d'après J. H. E. Belle épreuve.

BARON (B.)

23. *Fordwick* (N.-D. Georges, Vte de), in-fol. d'après Van Dyck.
Belle épreuve.

BARTOLOZZI (Fr.)

24. Morte di Clorinda, d'après Ang. Kauffmann. Belle épreuve
imprimée en couleur.

25. Sujets religieux et mythologiques. Quatre pièces en bistre.
Belles épreuves.

BAUDOUIN (S. R.)

26. Les Filoux. Belle épreuve.

BAUDOUIN (d'après P. A.)

27. Les Amants surpris, par P. P. Choffard (E. B. 3). Belle
épreuve, petites marges.

28. Marchez tout doux, parlez tout bas, par P. P. Choffard (30).
Belle épreuve, petites marges.

29. Le Modèle honnête, gravé à l'eau-forte par J. M. Moreau le
jeune et terminé au burin par J. Simonet (33). Belle
épreuve, marges.

30. Les Cerises, par N. Ponce (13). — L'Enlèvement nocturne,
par N. Ponce (20). — Le Lever, par Massard (29). — La
Nuit, par De Ghendt (35). Quatre pièces, belles épreuves
sans marges.

BEATRIZET (Nic.)

31. Une Bacchanale (B. 40). — La Mort de Méléagre (41). — Le
Combat de la Raison et de l'Amour (44), — Statues an-
tiques (88, 89). — Le Fleuve du Nil (95). — L'Océan (97).
Sept pièces in-fol. Belles épreuves.

BEAUVARLET (J.)

32. Histoire d'Esther. Six estampes in-fol. d'après de Troy.
Superbes épreuves avant toutes lettres, signées par le
graveur.

33. Les Chevaliers danois séduits par les Nymphes d'Armide. —
Télémaque dans l'île de Calypso. — L'Amour.— Offrande
à Cérès. — Offrande à Vénus. — Lecture espagnole. —
La Chasse. — Les Soins maternels. — Le R. P. Pérus-
sault. — La Double surprise. — Les Savoyardes, etc.
Quatorze pièces. Belles épreuves.

BÉHAM (Barthélemy)

34. Judith (B. 4). — La Vierge au Perroquet (7). — L'Enlèvement d'Hélène (13). — Combat d'hommes nuds (17). —
Trois têtes de mort (27). — La Mère de deux enfants (40).
— L'Entrée triomphale (44). — Les trois soldats (50)
original et copie. Onze pièces. Belles épreuves.

BÉHAM (Hans Sébalt)

35. Partie de son œuvre composée d'environ cent trente pièces
gravées sur cuivre et sur bois. Estampes originales et
copies ; plusieurs sont en très belles épreuves. (Pourra
être divisé).

BELLA (St. Della)

36. La Perspective du Pont Neuf à Paris. Belle épreuve.

37. Partie de son Œuvre gravé. Environ quatre cent quarante
pièces de moyen et de petit format. Belles épreuves.

BELLANGÉ, DELACROIX, GÉRICAULT

38. Sujets variés. Scènes et Episodes militaires. Ivanhoé. Etudes
de chevaux. Cinquante-trois lithographies de divers
formats.

BENAZECH (d'après)

39.   La Dame bienfaisante. — Le Vrai bonheur. Deux pièces, dont une à l'eau-forte pure.

BERNARD (Salomon) dit PETIT BERNARD

40.   Personnages en pied, la plupart dans des bordures ornées. Huit pièces. Belles épreuves.

BERNIGEROTH (J.-M.)

41.   *Barckhaus* (Henri) d'après. Lippolt, in-fol. Epreuve doublée.

BERVIC

42.   *Sénac de Meilhan.* — L'Education d'Achille. — L'Innocence. Trois pièces.

BOILLY (Louis)

43.   L'Economie domestique. — Les Epoux heureux. Deux lithogr. in-fol. Belles épreuves.

BOILLY (d'après L.)

44.   L'Amant favorisé. — La Comparaison des petits pieds. Deux pièces faisant pendants gravées par Alex. Chaponnier. Belles épreuves, marges.

45.   Le Cadeau délicat, par Tresca. Très belle épreuve avant la lettre, doublée.

46.   La Douce résistance. — On la tire aujourd'hui. Deux pièces faisant pendants gravées par Tresca. Belles épreuves, marges. (La 2ᵉ est raccommodée).

47.   La Précaution, par S. Tresca. Très belle épreuve imprimée en couleur.

48.   Qu'elle est gentille, par Bonnefoy. Belle épreuve,

BOISSIEU (J.-J. de)

49. Portraits. — Paysages. — Vues. Quatorze pièces.

BOITES (dessus de)

50. Vues de la Grèce, gravées par Janinet, d'après Pernet. Belles
     épreuves imprimées en couleur.

51. Amours, Sujets galants, Vues, Scènes historiques. Dix petites
     pièces en bistre et imprimées en couleur. La plupart
     sont avant la lettre.

BONNET (L. M.)

52. *Jean-Baptiste Huet*, dessinant dans son atelier. Très belle
     épreuve imprimée à la sanguine.

53. L'Amour et l'Amitié, d'après L. Lagrenée. Très belle épreuve
     aux crayons de couleur.

54. Sanson et Dalila d'après Van-Dyck et Ch. Eisen. Très belle
     épreuve aux crayons de couleur.

55. Etudes pour le dessin. Têtes de femmes. Cinq pièces à la
     sanguine d'après J.-B. Huet.

BONNET (A Paris chez)

56. Le Concert des Trois Grâces d'après J.-B. Huet. Belle
     épreuve imprimée en couleur.

BONNEVILLE (Fr.). ROGER (B.)

57. Personnages de la Révolution, Littérateurs, etc. Quinze
     portraits in-8. Belles épreuves.

BOREL (d'après Ant.)

58. Le Joueur. — Le Retour imprévu. Deux figures in-8 pour
     les Œuvres de Régnard 1789. Très belles épreuves avant
     la lettre, les noms d'artistes tracés à la pointe, grandes
     marges.

BOSIO (S. D.)

59. Le Collin-Maillard. — La Main chaude. — Le Volant. Trois
     pièces. Belles épreuves en couleur.

BOSSE (Abraham)

60. L'Enfant Prodigue. Suite de six pièces. (G. D. 34-39). Belles
     épreuves.

61. L'Enfant Prodigue (34). — Les Vierges sages et les Vierges
     folles (43, 45, 48, 49). Cinq pièces.

62. Les Œuvres de Miséricorde. Suite de sept pièces (50-56).
     Belles épreuves ; cinq sont du 1er état.

63. La Solitude chrétienne (67). — Les Vertus Théologales et
     Cardinales (176-184). — Titre pour les Vertus de Saint-
     François de Paul (185, 2 états). — Un Saint debout (210).
     Douze piéces.

64. La déroute et la confusion des Jansénistes (219), rare. —
     Titres pour la Pratique du trait de M. Desargues (356,
     473). — Un Peintre peignant la Vierge et l'Enfant Jésus
     (946). Quatre pièces.

65. Les Cinq Sens (1071-1075). Cinq pièces. Belles épreuves.

66. L'Enfance (1078). — L'Adolescence (1079). Deux pièces.
     Très belles épreuves avant que l'adresse de Le Blond,
     n'ait été effacée.

BOSSE (Abraham).

67. Le Printemps (1082). — L'Automne (1084), original et copie. — L'Hiver (1085), copie. — L'Eau (1093). Cinq pièces.

68. L'Ariane de M. Desmarets (1115-1132). Dix-huit pièces (Incomplet de 3 planches).

69. — La même collection, complète.

70. L'Enéide de Virgile, titre et douze pièces (1133-1147). (Incomplet de deux planches).

71. Eloges et discours sur la triomphante Réception du Roy en sa ville de Paris, après la réduction de la Rochelle (1187-1202). Titre et treize planches (Manque deux pièces).

72. Les Noms, surnoms, qualitez, armes et blasons des chevaliers et officiers de l'Ordre du Saint-Esprit. Suite de quatre pièces (1207-1210). Belles épreuves.

73. Le Siège de la Motte (1220). — Les Vœux du Roy et de la Reine à la Vierge (1225). — La Joye de la France (1226). Trois pièces. Belles épreuves.

74. Louis XIII et Gaston d'Orléans à cheval (1228). — Louis XIII représenté sous la figure d'Hercule (1241). Deux pièces. Très belles épreuves.

75. *Howell* (Jacques) (1243). — *Dufresne* (Raph. Trichet) (1247). *Vitry* (Mlle de) (1249). Trois portraits.

76. Les Jardins de la Noblesse Française (1302, 1303, 1305, 1306, 1310, 1313, 1316, 1317). — La Noblesse Française à l'Eglise (1323, 1324, 1325, 1327, 1331). Treize pièces.

77. Deux maraudeurs (1340). — Les Cris de Paris (1341, 1343, 1349, 1350). Cinq pièces. Belles épreuves.

BOSSE (Abraham).

78. Le Courtisan saluant l'Edict de l'année 1633 (1355). — Berger jouant de la musette (1364). — Berger tenant une houlette (1366). — Villageoise se rendant au marché (1367). — Femme portant un pot au lait (1368). Cinq pièces. Belles épreuves.

79. Le Mariage à la Ville. Suite de six pièces (1374-1379). Très belles épreuves.

80. Le Retour du Baptême (1377). — La Visite à l'accouchée (1378). — Le Mariage à la Campagne (1380, 1382). — Le Sculpteur (1386). — Le Graveur (1387). — L'Imprimeur en taille-douce (1388). Sept pièces. Belles épreuves.

81. Le Mari qui bat sa femme, et la Femme qui bat son mari (1383, 1384). Deux pièces. Belles épreuves.

82. La Maîtresse d'école (1390). — Les Métiers (1391, 1392, 1393, 1394, 1395). — Les Femmes à table en l'absence de leurs Maris (1399). Sept pièces.

83. Lettre du Capitaine Extravagant à sa maîtresse (1403). — C'est le Portrait de Guillery (1410). — Auguste (1460). Trois pièces.

84. Un peintre assis devant un chevalet (Supplément n° 18). — Jeune homme jouant du tambour (25). — Jeune homme debout montre du doigt une colonne (27). — Petite fille debout (29). — Jeune fille debout (30). Cinq pièces.

BOUCHER (d'après Fr.)

85. L'Amour enchaîné par les Grâces, par Beauvarlet. Très belle épreuve à toutes marges, non ébarbée, rare.

83. Les Bacchantes endormies. — Jupiter et Calisto. Deux pièces par R. Gaillard. Belles épreuves, grandes marges.

BOUCHER (d'après Fr.)

87. Le Berger récompensé, par R. Gaillard. Très rare épreuve à
     l'eau forte pure, marges.

88. Le Départ du courrier. — L'Arrivée du courrier. Deux
     pièces faisant pendants gravées par Beauvarlet. Très
     belles épreuves avant toutes lettres. Marges.

89. Pan et Syrinx, par Pitre Martenasie. Belle épreuve à toutes
     marges non ébarbées.

90. Vénus se préparant au Jugement de Pâris, par de Lorraine.
     Très belle épreuve, grandes marges.

91. Les Amours pastorales. — Adoration des bergers. —
     Aminte. — L'Agréable leçon. — La fille à l'oiseau. —
     Bergers endormis. — Il mord à la grappe. — Le moineau
     apprivoisé. — L'Enlèvement d'Europe, etc. Douze pièces
     de divers formats. Belles épreuves.

BOURDON (Sébast.)

92. L'Annonce aux Bergers (R. D. 11). — La Vierge au livre
     (14). — La Vierge de 1649 (15). — La fuite en Egypte
     (17). — La Vierge à l'oiseau. Cinq pièces. Belles
     épreuves.

BRACQUEMOND, FLAMENG, REGNAULT

93. Personnages anciens et contemporains. Quarante-deux por-
     traits in-8 et in-4. Belles épreuves, plusieurs sont avant
     la lettre.

BREBIETTE

94. Partie de son Œuvre. Trente-neuf pièces. Belles épreuves.

BRICHET

95. Griffonnis et sujets variés. Neuf pièces. Belles épreuves.

BROSAMER (Hans)

96. Salomon adorant les idoles (B. 2). — Laocoon (15). — Le Joueur de Luth (17). — La création d'Eve (Bois 1). Quatre pièces. Belles épreuves.

BRUYN (N. de)

97. Adam et Eve dans le Paradis terrestre (Le Bl. 1). Très belle épreuve sans marges, montée en dessin.

BRY (Th. de)

98. Le Triomphe du Christ. — La fête de Bacchus. — Le Porte-étendard. Trois pièces en forme de frises. Belles épreuves.

99. Titre et trente-huit estampes sur l'Amérique.

BURGMAIR (Hans)

100. Vénus et Mercure (B. 1). Pièce gravée à l'eau-forte sur une planche de fer, la seule que l'artiste ait gravée, très rare.

CABEL (Van der)

101. Saint-Bruno (B. 50). Très belle épreuve du 1er état.

CALLOT (Jacques)

102. Son Œuvre gravé composé d'environ huit cent cinquante pièces de tous formats, la plus grande partie en 1er et 2e états. Réunion rare.

CANALETTI, CAPITELLI (B.)

103. Vue de Venise. — Carrousel fait dans la grande place de Sienne (B. 41). Deux pièces. Belles épreuves.

CANTARINI (S.) dit de Pesarese

104. Le Quos Ego. Belle épreuve.

CARESME (d'après)

105. L'Aveugle trompé, par Wossenik. Très belle épreuve imprimée en couleur, marges.

CARICATURES

106. Le Bouquiniste en jouissance. Epreuve coloriée.

CARINGTON-BOWLES

107, Scène galante. Epreuve en couleur.

CARS (Laurent)

108. La Salutation angélique. — La Nativité. — La Fuite en Egypte. — Hercule et Cacus. — Sujets allégoriques. Sept pièces in-fol. Belles épreuves.

CASANOVA (F.)

109. Le Drapeau (P. de B. 3). — Choc de cavalerie (4). — L'Ane et le Drapeau (5). Trois pièces. Belles épreuves.

CAZENAVE

110. Psyché abandonnée. Très belle épreuve imprimée en couleur, marge.

CHARLET

111. La Boule de Neige (La C. 267). — J'obtiens de l'activité (275). — Le Soleil luit pour tout le monde (290). — Etude d'arbre (373 R.). — Un homme portant un bonnet espagnol (429 RRR). — Croquis à la manière noire (969, 971, 972, 973, 974, 976, 978, 979 RR, 981 RR, 982 RR, 984 RR, 2 états. Ensemble seize lithog. Belles épreuves.

112. Partie de son Œuvre. Quatre cent dix lithogr. et eaux-fortes in-4.

CHARPENTIER (d'après)

113.   L'Emplette inutile, par N. de Launay. Belle épreuve.

CHAUVEAU (Fr.)

114.   Macarise ou la Reine des Iles Fortunées. Suite de quatorze pièces in-8.

CHAUVEAU (Fr.), DARET

115.   Sujets Religieux et Mythologiques. — Vignettes pour *Alaric* ou Rome vaincue. Vingt pièces. Belles épreuves.

CHEVILLET

116.   La Vieille en bonne humeur. — La Bonne Mère Sans Souci. — L'Amour du travail. — L'Amour des fleurs. Quatre pièces d'après Eisen, Wille et Le Prince. Belles épreuves, deux sont sans marges.

CHEVILLET, COYPEL

117.   *Franklin* (Benj.). — La Fileuse. — L'Ecole des Maris. Trois pièces sans marges.

CHOFFARD (P. P.)

118.   Grand fleuron "Vue du Port de Messine". — Titre du Cabinet Choiseul. — Planches d'Herculanum. Six pièces. Belles épreuves.

CHOFFARD (P. P.), GAUCHER (C. S.), LE MIRE

119.   Portraits de personnages célèbres. Treize pièces. Belles épreuves.

COCHIN LE FILS (C. N.)

120.   Le Tailleur pour femmes (Jombert 36). Très belle épreuve, grandes marges.

COCHIN LE FILS (d'après C. N.)

121. Le Chanteur de Cantiques, par Madeleine Cochin. Très belle épreuve, marges.

122. Fêste en l'honneur de Bacchus. — Foire de Campagne. — La Fontaine enchantée de la Vérité d'Amour. — Lycurgue blessé dans une Sédition. — Frontispice de l'Encyclopédie. Cinq pièces. Belles épreuves.

123. Vue Perspective de la Décoration élevée sur la Terrasse du Château de Versailles pour l'Illumination et le Feu d'Artifice qui a été tiré à l'occasion de la Naissance de Monseigneur le Duc de Bourgogne, le 30 Décembre 1751. Grand in-fol., gravé à l'eau-forte par Marvie et terminée au burin par J. Ouvrier. Belle épreuve. Marges.

COCHIN, COELEMANS, COPIA

124. Le Génie du dessin. — *Vintimille* (Fr. Ch. de). — L'Amour et Aphrodite. Trois pièces, une est avant la lettre.

COOPER (R.)

125. The Roman Vestals Punishment, d'après W. M. Craig. Belle épreuve imprimée en couleur.

CORNEILLE (M. A. et J.-B.)

126. Abraham délivre Lot (R. D. 3). — Six Joueurs (74). — Mercure donnant une Lyre à Apollon (87). — Histoire de Bethsabée (R. D. 1-4). — La chaste Suzanne (5). — Mercure (12). — Barque montée de trois hommes (71). Onze pièces. Belles épreuves.

CORT (Corneille)

127. Le Repos de la Vierge (Le Bl. 41). — Les Stigmates de St François (94). Deux pièces.

COSTUMES

128. Le Courtisan réformé suivant Edict dernier (Louis XIII), par J. Couvey. Belle épreuve.

129. La Vielleuse. — La Couturière. — La Coquette. — La Modeste. — La Bohémienne. — La Friande. — La Vendangeuse — La Jardinière. — La Fermière. — La Crémière. — La Cuisinière. — La Ravaudeuse. Suite de douze petites pièces, avec légende en vers. Belles épreuves à grandes marges.

COSWAY (d'après R.)

130. *Récamier* (Madame) par Ant. Cardon. Deux épreuves dont une imprimée en couleur et découpée en ovale.

COYPEL (Ant.)

131. Bacchus et Ariane (R. D. 9). Belle épreuve.

COYPEL (d'après Ch)

132. L'Art d'aimer. — L'Amour de village, ou l'Amour naif. — Deux pièces par Lépicié. Très belles épreuves, grandes marges.

COYPEL (d'après N. et Ch.)

133. L'Alliance de Bacchus et de Vénus. — Le Bain de Diane. — Sujet pour don Quichotte. Trois pièces par Lebas et Tardieu. Belles épreuves.

CRANACH (Lucas)

134. Les Martyres des douze Apôtres (B. 37-48) suite de 12 p. — St Paul (92). — Marc Curce à cheval (112). Quatorze pièces gravées sur bois.

DEBUCOURT (P. L.)

135. Le Matin (M. F. 129). Très belle épreuve imprimée en couleur.

DEBUCOURT (P. L.)

136. La Femme et le Mari ou les Epoux à la mode (148). Belle
épreuve.

137. Alexandre Ier (200). Épreuve imprimée en couleur, rognée
de trois côtés.

DAGOTY (L. et Ed.)

138. Temple d'Isis à Pompéi, in-4 à la manière noire ; les figures
par Duplessis-Bertaux. Deux épreuves.

DAVID (Fr.)

139. Gaspar Netscher, son épouse et son fils, d'après lui-même.
Belle épreuve.

DELACROIX (Eugène)

140. Une Juive d'Alger (A. M. 19). — Un Forgeron (21). — Arabes
d'Oran (23). Trois eaux-fortes. Belles épreuves avant la
lettre.

141. *Faust.* Portrait de Gœthe et dix-sept lithogr. in-4 (58-75).
Belles épreuves.

DELAUNE (Etienne)

142. Histoire de la Genèse (R. D. 24-59). Trente-sept pièces.

143. Abraham recevant les Anges (6). — Ajax (65). — Apollon
sur le Parnasse (100). — Sujets divers (107, 108, 109).
— Flore avec un satyre .. (131). — Pandore et deux fois
Vénus (132). — Latone (133). — Sujets variés (238, 243,
248, 253, 259, 261). — Combat de Pyrrhus (263). — Autres
sujets. Ensemble vingt-cinq pièces.

144. La Divinité, la Justice, etc. (158-166). 13 p. — La Famine
(184) etc. Quinze pièces.

DELAUNE (Etienne).

145. Les Douze mois (185-196). Belles épreuves.

146. Les Quatre parties du monde (197-200). — La Paix (201). — L'Abondance (202). Six pièces. Belles épreuves.

147. Emblèmes moraux (205, 206, 208, 211, 213, 216, 217, 220, 221, 222, 223, 224). Douze pièces. Belles épreuves.

148. La Chasse à l'Ours, au sanglier, au loup, aux oiseaux, au cerf et au lièvre. Suite de six pièces en forme de frises (275-280). Très belles épreuves.

149. Combats et triomphes (281-292). Huit pièces en forme de frises. Belles épreuves.

DEMARNE (J.-L.)

150. Partie de son Œuvre gravé. Vingt-une pièces. Belles épreuves.

DEMARTEAU (G.)

151. Femme couchée à terre (423). — Bacchante assise sur une peau de tigre (424). Deux pièces d'après Le Barbier. Epreuves aux crayons de couleur.

152. Femme et son enfant, d'après Boucher (566). Très belle épreuve aux crayons de couleur.

153. Pastorale d'après Boucher (599). Belle épreuve imprimée en couleur.

154. Portraits d'après Cochin et Carmontelle. — Etudes de femmes d'après J.-B. Leprince. Neuf pièces à la sanguine. Belles épreuves

155. La Laitière. — Les Laveuses. Deux pièces d'après J.-B. Huet. Belles épreuves aux crayons de couleur.

DEMARTEAU (G.)

156. Allégories. Têtes de femmes. Emblèmes. Paysages, etc.
Vingt pièces d'après Boucher, Peyrotte, Cochin, Courtois,
etc. Belles épreuves à la sanguine et au crayon noir.

157. Têtes de femmes. Trois pièces aux crayons de couleur.
Très belles épreuves sans marges.

DENON (Vivant)

158. L'Œuvre originale. Collection de trois cent dix-sept eaux-
fortes, dessinées et gravées par ce célèbre artiste. *Paris,
A. Barraud, 1873.* Texte et planches en feuilles.

DESNOYERS (Aug.)

159. Bélisaire, d'après Fr. Gérard. — La Danse des Nymphes,
d'après Van der Werf. Deux pièces.

DEVÉRIA (A.)

160. *Hoffman* (Mme Caroline Saint-Saëns, (272). In-4 n. signée.
Cette pièce qui est d'un grand effet, sert de couverture-
frontispice à un album de douze sujets, publié chez Ardit
en 1830. Très rare.

161. *Juliette.* — Femme de Bolbec, deux lithog. Belles épreuves
à toutes marges.

162. Galerie fashionable Nos 1, 4, 5, 6, 7, 8, 9, 10. — Le Goût
Nouveau Nos 3, 5, 6. — Travestissement, 3 p. Ensemble quinze lithographies in-4. Belles épreuves.

163. Sujets variés. Vingt-cinq lithog. in-8 et in-4. Belles épreuves,
la plupart à grandes marges.

DEVÉRIA (A.) et ROQUEPLAN

164. Illustrations de Walter Scott. Sujets lithographiés tirés de
ses romans. *A Paris, chez Henry Gaugain.* Douze lithog.
in-4 dans la couverture illustrée de publication.

DEVÉRIA, LAMI, SCHEFFER

165. Sujets variés, Voitures, etc. Vingt-une lithographies. Belles
      épreuves.

DOLIVAR

166. Le Camp de la douleur, dessin de l'appareil funèbre pour
      le service solennel de Mgr le Prince de Condé, d'après
      J. Bérin. Belle épreuve. (C'est devant cet appareil que
      Bossuet prononça l'oraison funèbre du Prince de Condé).

DORIGNY (Louis)

167. Siège de Bréda, dess. et gr. par l'artiste. Belle épreuve
      avant toutes lettres.

DORIGNY (Michel)

168. Saint Jean l'Evangéliste et ses disciples (R. D. 20). — Her-
      cule assis sur une montagne (81). — La Vierge prenant
      les Jésuites sous sa protection. Trois pièces. Belles
      épreuves.

169. Partie de son Œuvre. Vingt-six pièces. Belles épreuves.

DORIGNY (N.)

170. Psyché et l'Amour. Titre et neuf pièces in-fol. d'après
      Raphaël. Belles épreuves.

DREVET (Cl.)

171. Madame *Le Brel* (Marguerite-Henriette de la Briffe), d'après
      H. Rigaud (F. D. 9). Très belle épreuve, marges.

DREVET (Les)

172. *Dubois* (Card.). — *Villeroy* (Duc de). — Ste-Anne. — La
      Résurrection. Quatre pièces. Belles épreuves.

DUMESNIL (d'après)

173. Le Déjeuné de l'Enfant, par E. Cl. Tournay. Belle épreuve.

DUPUIS (Nic.)

174. Statue équestre de Louis XV à Bordeaux, in-fol. d'après
J. B. Le Moine. Belle épreuve.

DUPLESSIS-BERTAUX

175. Tableaux historiques des Campagnes d'Italie. Dix-sept
pièces d'après C. Vernet. Belles épreuves avant la lettre
ou à l'eau-forte pure

DURER (Albert)

176. Partie de son Œuvre. Gravures sur cuivre et sur bois.
Soixante-quatre pièces originales et copies.

DU SART (Corn.)

177. Les deux chanteurs (B. 3) 2 états. — Le Couple ivre (7).
— La Ventouse (12). — Le Chirurgien de Village (13).
— Le Cordonnier renommé (14). — Le Violon assis (15).
— La Fête de Village (16). Huit pièces. Belles épreuves.

DYCK (Ant. Van).

178. Partie de son Œuvre. Estampes et portraits. Soixante-
douze pièces.

ÉCOLE ALLEMANDE

179. Seize pièces par des Maîtres Anonymes du XVIᵉ siècle :
W. d'Olmutz, Graf, Dirk von der Sturen, J. Binik.
Monog. I B , M. A. Hamurs, etc. Belles épreuves.

ÉCOLE ANGLAISE

180, Portraits et sujets gravés à la manière noire. Vignettes et
Estampes diverses. Dix pièces.

ÉCOLE ANGLAISE

181. Scènes gracieuses et mythologiques, sujets d'histoire. Dix
      pièces d'après Cosway, Smirke et Ang. Kauffman. Epreu-
      ves imprimées en bistre et en couleur.

ÉCOLES FLAMANDE ET HOLLANDAISE

182. Partie des Œuvres de : C. Bega, 28 p. — N. Berghem,
      36 p. — C. Blœmaert, 20 p. — J. Both, 10 p. — N. de
      Brüyn, 5 p. — A. et J. Collaert, 15 p. — C. Cort, 15 p.
      — D. V. Cuerenhert, 9 p. — C. van Dalen, 1 p. — S.
      Fokke, 5 p. — Les Galle, 24 p. — J. de Gheyn, 18 p. --
      H. Goudt, 4 p. — H. Hondius, 3 p. — J. Houbraken,
      8 p. — J. Van Luyken, 6 p. — P. de Jode, 5 p. — P. de
      Laër, 25 p. — G. de Lairesse, 4 p. — P. Méricenys, 12
      p. — J. Van Ossenbeeck, 4 p. — Les de Passe, 17 p. —
      C. Schüt, 14 p. — D. Teniers, 1 p. — Th. Van Thulden,
      4 p. — L. Van Uden, 3 p. -- J. Van den Velde, 15 p. --
      L. Vorsterman, 2 p. — Les Wierix, 20 p. — Artistes
      divers, 33 p. Formant environ trois cent soixante-dix
      estampes et portraits. Belles épreuves. (3 portefeuilles).

ÉCOLE DE FONTAINEBLEAU

183. Sujet de mythologie représentant un jeune chasseur (B. 76).
      Belle épreuve sans marges.

ÉCOLE FRANÇAISE

184. Apollon couronnant la Vérité. — Sujet pour Paul et
      Virginie. — Clara. — Scènes historiques. Huit pièces en
      couleur par Sergent, Descourtis, Clément et autres.

185. La Gaieté conjugale. -- Les Regrets mérités. — Le Petit
      prédicateur. — C'est papa. — L'Acte d'humanité. — La
      Reconnaissance de Fonrose. Six pièces d'après Freu-
      denberg, Fragonard, Vangorp et autres. Epreuves
      anciennes et modernes.

ÉCOLE ITALIENNE

186. Partie des Œuvres de : Ch. Alberti, 5 p. — J. Andréa, 1 p.
— J.-B. d'Angeli, 5 p. — Beatrizet, 4 p. — J. Bonasone,
11 p. — R. Canta, 5 p. — S. Cantarini, 11 p. — J. Cara-
glio, 11 p. — Ann. Carrache, 16 p. — Aug. Carrache,
44 p. — L. Carrache, 1 p. — B. Castiglione, 41 p. —
C. Cesius, 3 p. — Le Maître au Dé, 42 p. — J.-B.
Fontana, 2 p — B. Franco, 4 p. — Les Ghisi, 22 p. —
J.-F. Grimaldi, 4 p. — L. Loli, 11 p. — C. Maratti, 7 p.
— J. Palma le jeune, 6 p. — Mazzuoli, dit le Parmesan,
10 p. — J. Piccini, 2 p. — P. Del Po, 2 p. — Guido-
Reni, 8 p. — J. Ribera, 2 p. — Salvator Rosa, 7 p. —
M. Rota, 3 p. — R. Schiaminossi, 2 p. — A. Tempesta,
4 p. — P. Testa, 30 p. — Titien, 1 p. — J. M. Viani, 1
p. — E. Vico, 2 p. — Maîtres divers, 38 p. Formant
environ trois cent quatre-vingts estampes et portraits, la
plupart en belles épreuves (3 portefeuilles).

187. Les Clairs obscurs Italiens. Huit pièces. Belles épreuves.

EDELINCK (Gérard)

188. Combat de Quatre cavaliers, d'après Léonard de Vinci (R.
D. 44). Très belle épreuve du 1er état avant toutes lettres,
rare.

EDELINCK (Gérard).

189. Portraits et Sujets religieux. Onze pièces in-8 et in-4. Belles
épreuves.

EDELINCK (G. et J.)

190. Sainte Madeleine d'après Ch. Le Brun (R. D. 32). — Latone,
statue (Le Bl. 10). Deux pièces.

EISEN (d'après Ch.)

191. Le Bouquet, par R. Gaillard. Très belle épreuve.

192. Fleurons de titres pour illustration. Deux pièces, tirages à
      part, marges.

193. Vignettes et fleurons pour les Œuvres de Baculard d'Arnaud.
      Sept pièces. Belles épreuves en tirage hors texte à toutes
      marges.

EISEN, MARILLIER (d'après)

194. Vignettes pour les Œuvres de Baculard d'Arnaud. Vingt-
      deux pièces. Belles épreuves.

FARINATI (Horace)

195. La Mer Rouge (B. 1). — La descente de Croix (2). Deux
      pièces.

FATOU (A Paris, chez)

196. La Mère intéressante, d'après Cosway. Epreuve imprimée
      en couleur, collée sur carton.

FELON (Joseph)

197. Esquisses autographiques. Cinq pièces à la sanguine.

FICQUET (Et.), SAVART (P.)

198. Portraits de littérateurs et de personnages célèbres. Vingt-
      sept portraits in-8, la plupart en 1er tirage. Belles épreuves.

FLAMEN (Alb.)

199. Livre d'oiseaux (R. D. 402-413). Suite de douze pièces.
      Belles épreuves.

FLAMENG (Léop.)

200. Jésus guérissant les malades, d'après Rembrandt. Belle épreuve avant la lettre.

FLIPART

201. Le combat des Centaures et des Lapithes, d'après Boullongne. Très belle épreuve avant la lettre, les noms d'artistes tracés à la pointe.

FLORIS (Franz)

202. Allégorie (Le Bl. 3). Belle épreuve.

FORSTER (F.)

203. Didon, d'après P. Guérin. Belle épreuve avant la dédicace et avec les cachets, marges.

FRAGONARD (Honoré)

204. Portrait de l'artiste, gravé à l'eau-forte par Le Carpentier, in-8 orné. Très belle épreuve.

205. L'Armoire 1778 (P. de B. 2). Très belle épreuve du 2ᵉ état avec l'adresse de Naudet. Grandes marges.

206. Le Parc (4). Copie. Belle épreuve.

207. Les Deux femmes à cheval (5). Belle épreuve.

208. Les Quatre Bacchanales (6-9). Très belles épreuves.

209. Pièces d'après différents maîtres. (11, 12, 13, 14, 16, 17, 18, 19, 20, 21, 22, 23, 24). Treize pièces à l'eau-forte Belles épreuves.

FRAGONARD (d'après H.)

210. L'Armoire. In-4 en larg., gravé à la manière de lavis, par L. C. (Le Campion). Très belle épreuve avant la lettre, le nom de l'artiste tracé à la pointe.

211. Le Baiser amoureux, par Marchand. Très belle épreuve.

FRAGONARD (d'après H.).

212. La Bascule, par Beauvarlet. Très belle épreuve, grandes
marges.

213. La même estampe. Très rare épreuve à l'eau-forte pure,
légèrement coloriée au pinceau, petites marges.

214. La Fontaine d'Amour par Regnault. -- Le Serment d'Amour
par Mathieu (2 ép.). -- Le Verrou, par Blot. Quatre
pièces, la dernière est avant la dédicace.

215. Figures des Contes de Lafontaine, gravées par Martial,
Soixante pièces. Epreuves avant toutes lettres du 2e état,
à toutes marges.

FRANCO (J -B.)

216. Moïse frappant le rocher. (B. 2). — Jésus-Christ à l'âge de
douze ans discutant dans le temple (9). — Homme assis
donnant audience (79). Trois pièces.

GAILLARD (R.)

217. *Bertin* (H.-L.-J.-B.), d'après Roslin. Belle épreuve.

GAVARNI

218. Etudes d'enfants. — Les Parisiens. — Sujets variés. Vingt-
six lithographies. Belles épreuves.

219. Portraits et Lithographies. Cent quarante-sept pièces, plusieurs sont rares.

GARNERAY, LE GOUAZ

220. Portrait de Garneray, Marines et ports de France. Dix
pièces. Belles épreuves.

GARNIER (Antoine)

221. Bacchanale, d'après Nit. Poussin (R D. 56). Belle épreuve.

GAULTIER (L.), LEU (Th. de)

222. Sujets du Nouveau Testament, 25 p. — Scènes variées, 5 p. — Portraits de Saints, 6 p. Ensemble trente-six pièces. Belles épreuves.

GELÉE (Fr.)

223. Daphnis et Chloé, d'après Hersent ; in-fol. Deux épreuves dont une avant la lettre, signée et avec dédicace.

GELLÉE (Claude), dit Claude le Lorrain)

224. Son Œuvre (R. D. 1-27). Les n°ˢ 6, 11 et 26 manquent, et les n°ˢ 1, 5 et 24 sont en double. — Griffonnements (39 2 états, 40, 41, 42). Ensemble trente-deux pièces, la plupart en très belles épreuves. Réunion rare.

GENOELS (A.)

225. Partie de son Œuvre. Douze pièces. Belles épreuves.

GÉRARD (d'après Fr.)

226. Bataille d'Austerlitz. In-fol. par Godefroy. Très belle épreuve avec la lettre grise, les noms d'artistes tracés à la pointe.

GHEYN (J. de)

227. Sainte Cécile (Pass. 214). Très belle épreuve.

GHISI (Diane)

228. Régulus enfermé par les Carthaginois dans un tonneau percé de clous (B. 36). Belle épreuve.

GHISI (Georges)

229. La Ste Vierge saluant Ste Elisabeth (B. 1). — Le Père
éternel soutenant entre ses bras Jésus-Christ (14). — La
dispute sur le Saint Sacrement (23). — Les Nymphes et
autres divinités pleurant la mort de Procris (61). Quatre
pièces.

GHISI (J.-B.)

230. David coupant la tête à Goliath (B. 6). — Les Troyens
repoussant les Grecs (20). Deux pièces.

GILLOT (Cl.)

231. Fêtes mythologiques. — Vignettes pour les Fables de
Lamotte. — Les Passions, etc. Trente pièces. Belles
épreuves.

GIORDANO (Lucas)

232. La femme accusée d'adultère (B. 5.). Belle épreuve du
1er état. Rare.

GIRODET (d'après)

233. Les Amours des Dieux. Dix-huit lithog. in-4. Epreuves sur
papier de Chine à toutes marges dans les couvertures de
publication.

234. Sujets mythologiques et Vignettes pour Racine et Paul et
Virginie. Huit pièces.

GOLTZIUS (Henri)

235. Les Chefs-d'œuvre de Henri Goltzius. Suite de six estampes
(B. 15-20). Belles épreuves.

GOLTZIUS (Henri)

236. Le Triomphe de la Guerre (108). Très belle épreuve du 1er état avant les mots *Currus Belli*. Rare.

237. Mars et Vénus surpris en adultère (139). — Le Dieu du Soleil (141). — Les Trois statues antiques de Rome (143-145). Cinq pièces. Belles épreuves.

238. Hercule tuant Cacus (231). Clair obscur de trois couleurs. Belle épreuve.

239. Chute de Phaeton (260). — Chute d'Ixion (261). — Loth sortant avec sa famille de la ville de Sodome (263). — Les Amours de Mars et de Vénus (276). 2 états. Cinq pièces.

240. Partie de son Œuvre. Estampes et Portraits de moyen et de petit format. Environ cent soixante-dix pièces, la plupart en belles épreuves.

GOYA (Fr.)

241. Les Taureaux de Bordeaux. Suite de quatre lithogr. in-fol. en larg. 1825. Superbes épreuves à toutes marges de la plus grande fraîcheur, (deux sont avant la lettre).

242. Bacchus couronnant des ivrognes. In-fol. d'après Velasquez Belle épreuve à toutes marges.

243. Œsopus. — Mœnippus. — Le nain de Philippe IV. — Supplicié par le garrot. — Un infant d'Espagne. — Barberoxa. Sept eaux-fortes (Réimpressions).

244. Les Caprices. Suite de quatre-vingts planches, gravées à l'eau-forte Gr. in-8, cart.

GOYA (Fr.)

245. Los Desastres de la Guerra. Coleccion de ochenta làminas inventadas y grabadas al agua fuerte, por Don Francisco Goya. *Madrid, 1863.* Epreuves en feuilles.

246. Les proverbes. Suite de dix-huit pièces in-4 en larg.

GREUZE (d'après J.-B)

247. L'Accordée de Village. — La Dame bienfaisante. — Le Gâteau des rois. — La Malédiction paternelle. Quatre pièces in-fol. par Flipart, Gaillard et Massard. Belles épreuves, deux sont signées au verso.

248 L'Aveugle trompé, par L. Cars. Deux épreuves dont une à l'eau-forte pure.

249. Retour de nourrice. — La Vieille Gouvernante. - Le donneur de Sérénade. — Le Ménage ambulant. — L'Oiseau mort. — La Piété filiale. — La Savonneuse. Sept pièces.

GUTTEMBERG (Carl.)

250. Suppression des ordres monastiques dans toutes les villes de la domination de l'Empereur, d'après C. de France, gr. in-fol. Très belle épreuve avant toutes lettres, seulement, le nom du graveur tracé à la pointe, grandes marges.

GUYOT

251. Monuments de Rome, d'après Pérignon. Deux pièces ovales imprimées en couleur dont une à toutes marges.

HAMILTON. WHEATLEY (d'après)

252. Playing af Thread the Needle. — The Show. Deux pièces par Bartolotti. Belles épreuves.

HENRIQUEL DUPONT

253. Vignette d'après Girodet (H. B. 20). — *Feuillet de Conches* (Mme) (23). — *Desenne* (28). — *Coiny* (34). — *C. Vernet* (52), 2 états. — *Henri de Bourbon* (65). — *Molière* (75). — *Rachel* (82). Neuf pièces in-8 et in-4. Trois sont avant la lettre.

HOIN (d'après)

254. L'Ecueil de la Sagesse. — La Tendre Amitié. Deux pièces faisant pendants, d'après de Mouchy.

HOLLAR (Wenceslas)

255. Partie de son Œuvre. Vingt-cinq pièces. Belles épreuves.

HONDIUS le Jeune

256. *Lucas de Leyde*. In-4. Belle épreuve.

HOOGHE (Romeyn de)

257. Réception de Sa Majesté dans la cour. Très belle épreuve.

HOPFER (Daniel)

258. Paraboles et Sujets symboliques de la Bible (B. 22). 5 p. — Le Mariage de Ste-Catherine (44). — Trois Vieilles femmes armées de bâtons (71). Huit pièces. Belles épreuves.

HOPFER (Jérôme et Lambert)

259. Danse de trois faunes (B. 29). — Pièce emblématique sur la puissance de l'Amour (35). — Adam et Eve (B. 1), etc. Cinq pièces.

HUET (d'après J.-B.)

260. Le Coq secouru. — Le Petit cavalier. — Les Echasses. — La Chèvre bien-aimée. Quatre pièces par Bonnet. Belles épreuves imprimées en couleur.

HUET (d'après J. B.)

261. La Dormeuse, par Bonnet. Très belle épreuve imprimée en couleur.

262. Pastorales. Deux pièces faisant pendants. Epreuves en couleur, encadrées.

263. La Peinture. — La Sculpture. Deux pièces par Bonnet. Belles épreuves imprimées en couleur, sans marges.

264. Le Triomphe d'Ariane, par Bonnet. Belle épreuve imprimée en couleur.

HURET, JEAURAT, M. LASNE

265. Estampes, Vignettes, Portraits. Vingt-deux pièces. Belles épreuves.

JACQUES

266. Cérémonie de la levée de la Fierte par le Prisonnier, le jour de l'Ascension, à Rouen. Belle épreuve.

JANINET (Fr.)

267. *Colombe l'aînée* (Mlle) d'après Lemoine. In-8. Très belle épreuve imprimée en couleur.

268. *Henry IV.* — *Sully.* Deux ovales faisant pendants. Très belles épreuves imprimées en couleur, sans marges.

269. *Ninon de Lenclos* d'après Mignard. In fol. ovale. Superbe épreuve imprimée en couleur avec toute sa marge, non ébarbée, rare en aussi belle condition.

270. Deux Amours. — Escalier dans un parc. — La Surprise. Trois petits sujets sur une feuille. Très belle épreuve imprimée en noir, grandes marges.

JANINET (Fr.)

271. Projet de Monument à ériger pour le roi, d'après Varenne
et Moreau le Jeune. Magnifique épreuve imprimée en
couleur et avant la lettre. Grandes marges, très rare en
aussi belle condition.

272. L'Oiseau privé d'après Lagrenée. Superbe épreuve imprimée en couleur avant toutes lettres, avec toute sa
marge non ébarbée. Très rare en aussi belle condition.

273. Les Trois Grâces d'après Pellegrini Très belle épreuve
imprimée en couleur, avant la lettre et avant la guirlande
de fleurs, à toutes marges, non ébarbée. Très rare en
pareille condition.

274. Modèles de dessins. — Etudes de têtes. — Ornements. Six
pièces à la sanguine.

JAZET

275. Les Petites Marionnettes. — La Saisie. — Bivouac de Hussards. — La Noce de Village. — La Esmeralda. Sept
pièces à la manière noire.

JODE (L. et P. de', KILIAN (Les)

276. Portraits et sujets religieux. Dix-huit pièces.

KRUG (Louis)

277. Les Deux femmes nues (B. 11). Belle épreuve.

KUSEL (Mathieu)

278. Suite de vingt-quatre planches sur les théâtres d'après L.
Bunarcini.

LA FAGE (Raymond)

279   Bacchanales. — Sujets religieux. — Scènes bibliques, etc. Vingt-huit pièces.

LA FAGE. LA LIVE DE JULLY. LE PAUTRE

280.   Bacchanales. — Vues. — Paysages. — Scènes d'histoire. Quatorze pièces.

LA FONTAINE (Estampes pour les Contes de)

281.   A Femme Avare, Galant Escroc. — Les Deux Amis. Le Faucon. — Nicaise. — On ne s'avise jamais de tout. — Les Oies de frère Philippe. — Le Petit chien qui secoue de l'argent... — Les Troqueurs. — Les Rémois. Neuf pièces d'après Lancret.

Le Calendrier des Vieillards. — Le Magnifique. Deux pièces d'après Boucher.

Le Bast. — Frère Luce. — La Jument du compère Pierre. — Le Villageois qui cherche son veau. Quatre pièces d'après Vleughels.

Les Aveux indiscrets. — Le Cocu battu et content. — La Courtisane amoureuse. Trois pièces d'après Pater.

La Matrone d'Ephèse d'après Coypel. Une pièce.

Ensemble dix-neuf estampes par de Larmessin, Fillœul et autres. Belles épreuves.

LAFUENTE (M)

282.   Le Buveur galant — Le Fumeur endormi. Deux petites pièces ovales faisant pendants. Belles épreuves avant la lettre et imprimées en couleur.

LAGRENÉE (d'après L.)

283.   Premier Age de l'Amour. — Punition de l'Amour. Deux pièces par Bouilliard.

LAGRENÉE (d'après L.)

284. L'Amour fouetté de roses. Très belle épreuve avant toutes lettres, petites marges.

LA HYRE (Laurent de)

285. Le Christ descendu de la croix (R. D. 11). — Le Corps dans le sépulcre (12). — Narcisse (21). Trois pièces. Belles épreuves.

LAIRESSE (Gérard de)

286. L'Age d'or. — Titre avec portrait de l'artiste. — Sujets religieux et mythologiques. Huit pièces. Belles épreuves.

LAIRESSE (Gérard de), RIDINGER

287. Sujets mythologiques. — Paysages. — Scènes religieuses. — Animaux. Dix-neuf pièces.

LANCRET (d'après N)

288. Les Amours du Bocage. — Les Charmes de la conversation. Le Matin. — L'Après-dînée. — L'Adolescence. Cinq pièces par de Larmessin et Petit.

LAUGIER

289. *Jacques Delille* d'après P. Danloux. — Héro et Léandre d'après Delorme. Deux pièces.

LAUNAY (N. de)

290. La Partie de plaisir, d'après J. Weenix. Très belle épreuve avant la dédicace, grandes marges.

LAUTENSACK (Hans Sebalt)

291. Portrait de Jean Aventinus (B. 1, bois). — Paysage avec quatre cavaliers (non décrit). Deux pièces Belles épreuves.

LAVALLÉE

292. Sujets pour Don Quichotte et le Temple de Gnide. Deux pièces en couleur. Belles épreuves.

LAVREINCE (d'après N).

293. L'Aveu difficile, par Janinet (E. B. 8). Epreuve imprimée en couleur sans marges (mauvais état de conservation).

294. La Comparaison, par Janinet (E. B. 12). Superbe épreuve imprimée en couleur, avec toute sa marge non ébarbée. Très rare en aussi belle condition.

LE BARBIER (d'après)

295. Canadiens au tombeau de leur enfant, par Ingouf le jeune. Belle épreuve.

296. *Chères et tendres larmes.* In-4 par Ingouf pour les Œuvres de J.-J. Rousseau. Très belle épreuve avant la lettre, marges.

297. Vignettes et fleurons pour les Œuvres de d'Ussieux. Six pièces. Belles épreuves en tirage hors texte à toutes marges.

LE BAS (J Ph)

298. Le Berger rêveur. — Halte de Cavalerie. Deux pièces d'après Téniers et Wouvermans. Belles épreuves.

299. Paysages et Vues de Flandre. Treize pièces. Belles épreuves.

LE BOUTEUX

300. Titre et vingt-cinq figures in-8 pour le *Tome IIe des Chansons de Laborde.* Très belles épreuves à toutes marges (On y a joint le volume de texte gravé, br. non rogné).

LE BRUN (d'après Mme Vigée)

301. La Vertu irrésolue, par Dennel. Très belle épreuve.

LE CLERC (d'après F.)

302. L'Heureuse esclave. — La Sultane au bain. Deux pièces faisant pendants par Deny.

LE CLERC (Séb.)

303. Partie de son Œuvre. Trois cent soixante pièces de petit format. Belles épreuves.

LE GRAND (P. F.)

304. Une Satisfaction, d'après Kamric. Epreuve imprimée en bistre, marges.

LE MIRE (Noël)

305. La Curiosité, d'après Brakenburg. — Vue des restes d'un temple de Vénus dans l'Isle de Nisida, d'après G. de la Croix. Deux pièces. Belles épreuves.

LÉPICIÉ (B.)

306. *Orry* (Ph.) ministre d'après Rigaud. Deux épreuves.

LE PRINCE (J.-B.)

307. Son Œuvre, composée de cent cinquante-six pièces gravées à l'eau-forte et à la manière de lavis. Epreuves tirées en noir et en bistre

LE ROY (C.)

308. Boutique Pharmaceutique. In-4. Belle épreuve.

LE SUEUR (d'après)

309. Sujets mythologiques. Huit pièces. Belles épreuves.

LEVACHEZ

310. Napoléon au retour de l'île d'Elbe, d'après C. Vernet. Belle épreuve en couleur.

LE VASSEUR (J. C.)

311. Vénus sur les eaux, d'après Boucher. — Apollon et Daphné, d'après L. Jordaens. Deux pièces, très belles épreuves.

LEYDE (Lucas de)

312. Partie de son Œuvre. Vingt-huit pièces.

LITHOGRAPHIES

313. Essais lithographiques sur l'Exposition au Musée Royal de l'année 1818, par A. V. et A. C. Paris, Rey, s. d. Neuf livraisons. (Manque la 3ᵉ).

LONGUEIL (de)

314. Le Cabaret flamand. — Halte flamande. — Les Modèles. Trois pièces d'après Téniers et Le Prince.

LORCH (Melchior)

315. Le Père mort et ses trois fils. Gravure sur bois (Pass. 10). Belle épreuve.

LOUTHERBOURG (P. J.)

316. 1ʳᵉ suite de soldats (P. de B. 1-6). — Seconde suite des figures (7-12) — Paysages. Sujets variés et costumes Maronites. Vingt-une pièces en noir et à la sanguine.

LUYKEN (Jean)

317. Vues et batailles. Sept pièces. Belles épreuves.

MAITRE ANONYME DU XVIᵉ SIÈCLE

318. Un Porte-enseigne (B. 15). — Soldat Allemand assis sur une souche (16). Original et copie. Trois pièces. Belles épreuves.

MALLET (d'après)

319. Voyage à Cithère. In-4. Belle épreuve.

MARILLIER (d'après C. P.)

320. Vignettes et fleurons pour les *Fables de Dorat*. Très belles épreuves en tirage hors texte, la plupart à toutes marges.

MARIN (L.)

321. Cérès d'après Angélica. Belle épreuve avant la lettre, imprimée en couleur, marges.

322. The Welcome Necos d'après J.-B. Le Prince. Belle épreuve imprimée en couleur.

MARTIN

323. Le Paradis perdu. Suite de vingt-quatre estampes gravées à la manière noire et un fac-simile. Belles épreuves à toutes marges.

MASSARD (J.-B.-L.)

324. Les Cinq Saints (2 états). — La Vertu chancelante. — Les Caresses de Jésus à Saint Jean. — Homère. Cinq pièces d'après Gérard, Greuze et Raphael. Une est avant la lettre.

MATHAM (Jacques)

325. Saint Boniface (B. 10). — Le Coucher de Vénus (15). — Cupidon venant trouver au lit sa chère Psiché (76). — L'Amour domptant le dieu Pan (91). Quatre pièces.

326. St Luc peignant une image de la Sainte Vierge (113). — Les Mages adorant Jésus-Christ (232). — Jésus-Christ honorant de sa présence les noces de Cana (236). — Deux portraits de J. et F. Matham. Ensemble cinq pièces.

327. Partie de son Œuvre. Estampes et portraits. Soixante-douze pièces.

MELLAN (Claude)

328. Partie de son Œuvre. Cinquante pièces. Belles épreuves.

MEISSONIER (Ernest)

329. Le Sergent rapporteur. Eau-forte.

MERCURY (P.)

330. *Maintenon* (Marquise de) d'après Petitot. In-8. Très belle
      épreuve sur papier de Chine.

MIGNARD (Nic.)

331. Hercule entre le Vice et la Vertu (R. D. 3). 2 états. — Her-
      cule se reposant de ses travaux (4). — Ulysse chez Circé
      (5). — Le Triomphe de Bacchus (6). 2 états. Six pièces.
      Belles épreuves.

MIGNARD (Pierre)

332. Sainte Scholastique (R. D. 1). Très belle épreuve de la
      seule pièce gravée par cet artiste.

MITELLI (Joseph-Marie)

333. La Madeleine arrosant de ses larmes les pieds de Jésus-
      Christ (B. 10). — Enée portant son père Anchise (52).
      Deux pièces.

MOREAU LE JEUNE (J. M.)

334. Titre, feuille de dédicace et vingt-cinq figures in-8 pour le
      Tome Ier des Chansons de Laborde. Vingt-sept pièces. Très
      belles épreuves dont onze à toutes marges. (On y a joint
      le volume de texte gravé, br., non rogné).

MOREAU LE JEUNE (J. M.)

335. Serment de Louis XVI à son Sacre (M. 254). Belle épreuve du 2e état avant la lettre (doublée).

336. Arrivée de la Reine à l'Hôtel de Ville. In-fol. (Tirage postérieur).

MOREAU LE JEUNE (Par et d'après).

337. *Fléchier.* — Henri IV et la belle Gabrielle. — Le Bal masqué. — Place de Louis XV. Quatre pièces.

338. Monument du costume physique et moral de la fin du XVIIIe siècle. *Paris, Léon Willem,* 1874. Vingt-quatre estampes, en livraisons.

MORLAND (d'après G.)

339. The Elopement, par Bartolotti. Belle épreuve imprimée en couleur.

340. Variety, par Bartolotti. Très belle épreuve imprimée en couleur.

MOYREAU (J.).

341. La Boutique du Maréchal. — Les Chasseurs sortant de la Forest. Deux pièces d'après Wouvermans. La 1re est avant toutes lettres.

MULLER (Jean)

342. Lazare résuscité par Jésus-Christ (B. 27). — Caïn tuant son frère Abel (29). — Le Combat d'Ulysse et d'Irus (30). — Arion jouant de la lyre (32). Quatre pièces.

343. L'Histoire de la Création du monde (B. 35-41). Suite de sept estampes de forme ronde. — Les Nymphes de la terre... (73). — Romains et Sabines (77-79). — etc. Douze pièces. Belles épreuves.

— 44 —

MULLER (Jean)

344. Les Amours de Vénus et de Mercure (68). — Bacchus et
Cérès abandonnant Vénus (74). Deux pièces.

NANTEUIL (Robert)

345. *Le Boutillier* (V.) (R. D. 56). — *Poncet* (P.) (215). Deux
portraits. Belles épreuves.

346. *Anne d'Autriche* (R. D. 22). — *Le Boutillier* (54) 1er état. —
Le Boutillier (55) 1er Etat. — *Castelnau* (M^{al} de) (58). —
Le R. P. Lallemant (117). — *De Lamoignon* (119) 1er Etat.
De Ligny (145). — *Savoye* (D^{sse} de) (169). — *Ménage* (188).
— *H. de Péréfixe* (213). — *Regnauldin* (216). — *St. Bris-
son* (224). — *Cl. Thévenin*, etc. Quatorze portraits. Belles
épreuves.

NAPOLÉON (Pièces sur)

347. Napoléon à Sainte-Hélène, dictant ses Mémoires au général
Gourgaud. Lithog. gr. in-fol. par Belliard d'après Steuben.
Belle épreuve sur papier de Chine.

NÉE

348. Maison de plaisance de S. M. I. de toutes les Russies à
Tsarskoé-Selo. — Peterhoff. — Vue d'Oranienbaum. Trois
pièces in-fol. en larg. d'après le Ch. de Lespinasse. Belles
épreuves.

NÉE et autres

349. Monument projeté à la mémoire de J.-J. Rousseau. — Vues
de Paris et des environs. Trente-cinq pièces. Belles
épreuves. Plusieurs sont avant la lettre.

OPIE (d'après John)

350. *King Henry the Sixth*. Act. II, scène III, par Robert Thew.
Belle épreuve en couleur.

OSTADE (Adrian Van)

351. Son Œuvre gravé. Cinquante pièces. Belles épreuves.

PARISET

352. L'Amour couronné. Deux épreuves imprimées en couleur.

PARROCEL (Joseph)

353. Les Mystères de la vie de N. S. J.-C. — Miracles de la vie de N. S. J.-C. Quarante-deux pièces.

PATER et DUMONT (d'après)

354. Estampes pour le *Roman comique* de Scarron. Quinze pièces. Belles épreuves. Quatre sont avant la lettre.

PENCZ (Georges)

355. Abraham caressant Agar (B. 6). — Job (7). Deux pièces. Belles épreuves.

356. L'Histoire de Joseph (9-12). — L'Histoire de Tobie (13-19). Treize pièces. Belles épreuves.

357. Différents sujets de l'Ancien Testament (23, 24, 25, 26, 29). Cinq pièces. Belles épreuves.

358. La Vie de Jésus-Christ (30-54). Suite de vingt-six pièces. Belles épreuves.

359. La Femme adultère (55). — Les Sept Œuvres de miséricorde (58-64). Manque le n° 61. Huit pièces. Belles épreuves.

360. La Parabole du mauvais riche (65-66). — La Conversion de St Paul (69). — Sujets de la fable (70-71-73). — Les Quatre sujets de l'histoire romaine (74-77). — Sujets de l'histoire romaine (78-81). Douze pièces. Belles épreuves.

PENCZ (Georges)

361. Sophonisbe (82). — Artémise (83). — Deux sujets d'un
conte d'Albert d'Eyb. (87-88). — Le Jugement de Pàris
(89). — Thétis et Chiron (90). — Triton enlevant Amy-
mone (93). — La Rivière passée au gué (94). — Le Juge
(95). — L'Envie (102). — L'Ouïe (105). Douze pièces.
Belles épreuves.

362. La Prise de Carthage (86). Très belle épreuve du 2ᵉ état.

363. La Rhétorique (112). — La Musique (114). — Les Six
triomphes décrits par Pétrarque (117-122). Neuf pièces.
Belles épreuves.

PÉRAC (Etienne de)

364. La Vierge Marie et Sainte Anne ? Epreuve portant au verso
la signature de Mariette.

PERELLE

365. Vues de Paris, de France et d'Italie. Vingt pièces. Belles
épreuves.

PERRIER (François)

366. La Sainte famille (R. D. 3). — Jésus en croix. (6). — Même
sujet (7). — Vénus dans son char (22). — Les Noces de
l'Amour et Psyché (34). — Apollon et Diane Chasse-
resse (192). Six pièces. Belles épreuves.

PHILLIPS (Ch.)

367. La Vierge, l'Enfant Jésus et St Jean ; gr. à la manière noire
d'après Parmejiano. Très belle épreuve avant la lettre.

PICART (Bernard)

368. Illustrations pour le *Lutrin* de Boileau. Portraits. Frontis-
pièces. Sujets mythologiques, etc. Vingt-une pièces.

PICART (Bernard)

369. Vignettes. Fleurons. Sujets pour tabatières, etc. Trente-quatre pièces de petit format. Belles épreuves.

PIÈCES HISTORIQUES

370. Sièges et Batailles, par C. Jean Miele, 3 p. — F. Collignon, 2 p. — H. Gémignani, 2 p. — J. Courtois dit le Bourguignon, 6 p. Ensemble douze pièces, rares.

PIERRE (J.-B. M.)

371. Le Vieux Mendiant (P. de B. 18). — Le Marché de Village (30). Deux pièces. Belles épreuves.

PODESTA (J. And.)

372. Bacchanale (B. 7). — La Suite des Amours rassemblés dans une campagne (8). Deux pièces.

PONTIUS (Paul)

373. Personnages hollandais et autres sujets. Huit pièces. Belles épreuves.

PORPORATI

374. Clorinde et Tancrède. — Erminie et le Berger. Deux pièces faisant pendants d'après Van Loo. Belles épreuves.

PRUDHON (P. P.)

375. Phrosine et Mélidor. In-4. Superbe épreuve avant la lettre. Grandes marges. Rare.

376. L'Énlèvement d'Europe. Eau-forte originale. Rare.

377. Une Famille malheureuse. Lithogr. in-8. Deux états différents. Belles épreuves.

PRUDHON (P. P.)

378. L'Enfant au chien. (Le fils du Maréchal Gouvion St-Cyr).
Lithogr. in-4. Très rare épreuve du 1er état, avec les
taches sur la pierre.

PRUD'HON (d'après P. P.)

379. Directoire Exécutif. — Gouvernement Français. — Préfec-
ture de la Seine Trois en-têtes gravés par Roger. Très
belles épreuves.

380. Minerve alimentant les Arts et les Sciences. — L'Egalité. —
Ministère de la police. — Bonaparte 1er Consul. Quatre
en-têtes. Belles épreuves.

381. Abrocome et Anzia. — Aminta. — Daphnis et Chloë. Trois
pièces in-12 par Roger. Belles épreuves.

382. Phrosine et Mélidor. In-8 par B. Roger. Belles épreuves en
double état. Eau-forte pure et avec la lettre.

383. L'Amour séduit l'Innocence, le Plaisir l'entraîne, le Repen-
tir suit. par B. Roger. Très belle épreuve, toutes marges.

384. La Raison parle et le Plaisir entraîne. — La Vertu aux pri-
ses avec le Vice. Deux pièces faisant pendants, par B.
Roger. Epreuves en double état : avant et avec la lettre.

385. Innocence et Amour. — Hymen et Bonheur. Deux pièces
par Villerey. On y a joint l'eau-forte pure de la première. Ensemble trois pièces.

386. La Vengeance de Cérès, par Copia. Belle épreuve.

387. — La même estampe. Très belle épreuve avant la lettre,
les noms d'artistes tracés à le pointe, grandes marges.

388. — La même estampe ; rare épreuve à l'eau-forte pure, grandes marges.

PRUD'HON (d'après P. P.)

389. L'Amour réduit à la raison, par Copia. Très belle épreuve
      avant la lettre, les noms d'artistes tracés à la pointe.

390. Le Cruel rit des pleurs qu'il fait verser, par Copia. Belle
      épreuve avant la lettre, grandes marges.

391. Le Triomphe de Napoléon. Lithographie in-fol. en larg. Très
      belle épreuve avant toutes lettres sur papier de Chine.

392. Description de la toilette présentée à S. M. l'Impératrice-
      Reine et du Berceau. Cinq pièces avec la couverture.

393. Portraits, gravures et lithographies. Quarante-quatre piè-
      ces, plusieurs sont avant la lettre.

394. Têtes d'expressions. — La Justice et la Vengeance divine,
      etc. Sept pièces. Belles épreuves, deux sont avant la
      lettre.

PUNT (J.)

395. Frontispices et vignettes pour les Œuvres de Molière. Qua-
      rante pièces in-12 et in-4. Belles épreuves.

RAFFET (Aug.)

396. Le Jeu de Paume (H. G. V.), 2 états. — Séance Royale (VI).
      — La Bastille (VII). — 5 et 6 octobre (VIII). —Jemma-
      pes (IX). Six pièces à l'eau-forte. Belles épreuves.

397. Tu as de l'honneur (50 RRR). — Artillerie légère en action
      (67 R.). — Manœuvre à la prolonge (68 R.). — Jérusa-
      lem délivrée (69 R). — Gendarmes faites feu (73). — Bar-
      ricades de la rue St-Antoine (74). — Tirez sur les chefs...
      (75). — Je veux tuer un des soldats de Polignac (76).
      Huit lithogr. Très belles épreuves.

398. Le Réveil (85). — La Revue nocturne (429). Deux pièces.
      Belles épreuves à toutes marges.

RAFFET (Aug.)

399. Sujets divers (146, 216, 217, 218, 219, 220, 221, 227, 229, 230, 236, 270). Douze lithogr. in-4. Belles épreuves.

400. Aigle (168 R., 169 R.). Costumes militaires et gravures sur acier. Onze pièces. Très belles épreuves.

401. Album 1827 (273-282). — Albums de 1830 à 1837 (325-428). Ensemble cent treize lithog. in-4 à toutes marges.

402. Collection de costumes militaires (453-499). Quatorze lithog. in-4. Très belles épreuves.

403. Siège d'Anvers (508-535). Titre et vingt-quatre lithog. Épreuves sur blanc et sur chine.

404. Retraite de Constantine (536-542). Titre et six lithog. Belles épreuves sur papier de Chine.

405. Prise de Constantine. Titre et douze lithogr. (543-556). Très belles épreuves sur papier de Chine.

406. Marche sur Constantine (545 R.R.), première pensée. Très belle épreuve.

407. Expédition et siège de Rome (557-593). Titre et trente-six lithog. Belles épreuves.

408. Voyage dans la Russie méridionale et la Crimée. (602, 607, 614, 622, 632, 634, 635, 638, 639, 640, 641, 642, 651). Treize lithog. Belles épreuves.

RAIMONDI (Marc-Antoine) et son École

409. Partie de l'œuvre de Marc-Antoine et de ses deux principaux élèves Augustin de Venise et Marc de Ravenne. Quatre-vingts pièces originales et copies.

RAMBERG (d'après)

410. Marché d'esclaves. — Sujets pour les Contes de La Fontaine. Sept pièces.

RAPHAEL (d'après)

411. Les Heures. Suite de 12 pièces in-fol. gravées par Petit, Ribault, Mariage et autres. Belles épreuves, neuf sont avant la lettre.

REGNAULT (d'après Fr.)

412. Ah ! s'il s'éveillait ; gravé à la manière de lavis par J. P. Très belle épreuve imprimée en bistre, grandes marges.

REMBRANDT VAN RYN

413. Partie de son Œuvre. Trente-cinq pièces originales et copies.

RENI (Guido)

414. Saint Roch distribuant son bien aux pauvres. (B. 53). Deux épreuves.

RÉVOLUTION FRANÇAISE

415. Généraux de la Révolution, du Consulat et de l'Empire. Cent vingt portraits in-8 publiés par Ambr. Tardieu. Belles épreuves.

REYNOLDS (d'après Sir J.)

416. *Hunter* (John), par W. Sharp. Très belle épreuve, marges.

RICHARDIÈRE (B. de la), RUOTTE

417. Vestale. — Argia. Deux pièces imprimées en couleur, marges.

RIGAUD (J.)

418. Vues des châteaux d'Amboise, Meudon et de Sceaux. Treize pièces anciennes à toutes marges.

RIGAUD (J.)

419. Feste des Galères dans le port de Marseille. — Jeux. — Scènes militaires Neuf pièces. Belles épreuves.

RUOTTE

420. *Lamballe* (M. Th. L. de Savoye Carignan, P^{sse} de). Ovale in-4 d'après Danloux. Superbe épreuve imprimée en couleur.

RUYSDAEL (Jacques)

421. Le Petit Pont (B. 1). — Les Deux paysans et leur chien (2). — La Chaumière au sommet de la Colline (3). Trois pièces. Belles épreuves.

SADELER (Les)

422. Partie de l'Œuvre. Estampes et portraits. Quatre-vingt-dix pièces. Belles épreuves.

SAENREDAM (Jean)

423. La Parabole des Cinq Vierges sages et des Cinq Vierges folles. Suite de cinq estampes (B. 2-6). Belles épreuves.

424. Le Comte Ernest de Nassau et une infinité de peuple arrivant sur les côtes de Benervic pour y considérer l'énorme baleine qui vint y échouer en 1601 (B. 11). Belle épreuve du 2e état. Marges.

425. Le Prophète Elie arrivant chez la veuve de Sarepta (19). — Les Anges annonçant aux bergers la naissance de Jésus-Christ (21), 2 états. — Vertumne et Pomone (27). — Furius Camillus (32). Cinq pièces. Belles épreuves.

426. Niobe se faisant rendre par ses peuples les mêmes honneurs qu'à Latone (33). Série de huit feuilles.

427. L'Antre de Pluton (39). Belle épreuve.

SAENREDAN (Jean)

428. Les Cultes rendus à Cérès, Vénus et Bacchus. Suite de trois pièces (70-72). Très belles épreuves du 1er état.

429. Partie de son Œuvre. Quatre-vingt-cinq pièces. Belles épreuves.

SAINT-AUBIN (Aug. de)

430. Les Jeux des petits polissons de Paris. — Personnages illustres et portraits de littérateurs. Vingt-deux pièces.

SAINT-FAR (d'après E.)

431. Vue du Deccintrement du pont de Neuilly, fait en présence du Roy, le 22 septembre 1772. Belle épreuve.

SAUGRAIN (Elise)

432. Vue du château de Madrid et du pavillon de Bagatelle près de Paris. — Vue des Environs de Paris. — Vue des Environs de Dresde, 2 états. Quatre pièces d'après L. Moreau et Wagner. Belles épreuves, une est avant la lettre, grandes marges.

SCHALL (d'après F.)

433. Jean-Jacques Rousseau ou l'homme de la nature. — Les Cerises. Deux pièces par Aug. Le Grand. Très belles épreuves avant la lettre à toutes marges.

434. La Saison des amours. — Le Repas dans la grotte? Deux pièces faisant pendants, par Aug. Le Grand. Très belles épreuves avant la lettre, grandes marges.

SCHALL, SCHENAU (d'après)

435. La Mort de Cléopatre. — Mort de Lucrèce. — La Crédulité sans réflexion. Trois pièces par Halbou, Henriquez et Michel. Belles épreuves.

SCHIMIDT (F. G.)

436. La Présentation au Temple.— La Belle Grecque — *Rousseau*
(J.-B.). — Portraits publiés chez Odieuvre. Onze pièces.
Belles épreuves.

SILVESTRE (Israël)

437. Veüe de la Maison de St-Cloud, in-fol. Belle épreuve doublée.

SINGLETON (d'après H.)

438. L'Assaut et la Prise de Seringapatam, le 4 Mai 1799, in-fol.
par A. Cardon. Belle épreuve, grandes marges.

SLODTZ (d'après

439. Bal du May donné à Versailles pendant le carnaval de l'année 1763, par Martinet. Très belle et ancienne épreuve.

SMITH (J)

440. Vénus sur les eaux. Belle épreuve à la manière noire.

SOLIS (Virgile,

441. Jésus-Christ célébrant la Cène (B. 20). — Les Quatre sai-
sons (133-136). — Valet versant du vin dans une coupe
(231). — Motifs d'architecture (360). — Chasse au sanglier (374). Neuf pièces. Belles épreuves.

SOMPEL (Van)

442. *Charles V*, d'après P. Soutman. Belle épreuve.

STRANGE (R.)

443. *Charles Ier*, roi de la Grande Bretagne. — *Henriette de
France*, son épouse, d'après Ant. Van Dyck. Deux portraits in-fol., faisant pendants. Très belles épreuves,
marges.

STRANGE (R.)

441. Cupid Sleeping. — Laomedon, King of Troy. — Liberality and Modesty. Trois pièces.

SURUGUE (Louis)

445. Méléagre, d'après Ch. Le Brun. Belle épreuve.

SWANEVELT (Herman)

446. Partie de son Œuvre. Cinquante-sept pièces. Belles épreuves.

TARDIEU (Alex.)

447. *Barras* (Paul). — Ruth et Booz. — Femme regardant son enfant endormi. Trois pièces. Belles épreuves, deux sont avant la lettre.

TESTA (Pietre)

448. Les Mages adorant Jésus (B. 3). — La Sainte Vierge à genoux (4). — Le Sacrifice d'Iphigénie (23). — Vénus apportant un bouclier (24). — Vénus embrassant Adonis au retour de la chasse (25). — Vénus couchée par terre (26). — Les Trois Vertus (30). 2 états. — La Paix se servant des couleurs que lui prête la déesse Isis (31). — Un jeune homme s'attachant à la Vertu (32). Dix pièces. Belles épreuves.

THÉODORE

449. Jésus-Christ et la Cananéenne (R. D. 11). 2 états. — Les Filles de Cécrops (12). — Le Troupeau au bord de l'eau (19). Quatre pièces. Belles épreuves.

TOPOGRAPHIE

450. Plans et Vues de Rouen, Caen et Lisieux. Six pièces anciennes.

TORTEBAT (François)

451. Le Vœu de Jephté (R. D. 3). — La Dernière des actions de Samson (4). Deux pièces. Belles épreuves.

TRÉMOLIÈRE (P. C.)

452. Le Baptême (P. de B. 1). — La Confirmation (2). Deux pièces. Belles épreuves.

TROY (d'après J de)

453. La Naissance de Vénus, par Et. Fessart. In-fol. Belle épreuve à toutes marges.

VAN LOO (d'après C.)

454. Jupiter et Antiope, par Et. Fessard. Belle épreuve sur un ancien montage de Glomy (signé).

VENDRAMINI (Fr.)

455. *Mlle George et Mlle Bourgoin*, d'après Du Bois. Belle épreuve.

VERNET (Joseph)

456. La Plage à la grosse tour (P. de B. 1). — Le Retour de la pêche (2). Deux eaux-fortes originales.

VIEN (J M)

457. Lot et ses filles d'après sa propre composition (P. de B. 2). Belle épreuve.

458. Caravane du Sultan à la Mecque (R. D. 8-39). Trente-trois pièces. (Le titre est en double état). Très belles épreuves.

VIGÉE (d'après L)

459. Babichon, par F. Basan. Belle épreuve.

VIGNETTES

460. *Béranger.* Suite de cent vingt figures in-8 gravées sur bois d'après J.-J. Grandville. Dem -rel. chag. vert avec coins, tr. dor., n. r. Epreuves sur papier de Chine volant.

461. *Boccace.* Suite de huit figures in-8 de Marillier, pour *les Contes*, Ed. de Mirabeau. Epreuves à toutes marges.

462. *Cottin* (Mme). Suite de vingt figures in-18 de Devéria pour *les Œuvres.* Epreuves à l'eau-forte pure, à toutes marges.

463. *Crébillon* (J. de). Un portrait et six figures in-8 d'après Devéria pour les *Œuvres.* Epreuves en double état : Eaux-fortes pures et avant la lettre sur papier de Chine.

464. *Demoustier.* Suite de Dix-neuf figures in-18 de Desenne, pour les *Lettres à Emilie.* Epreuves à l'eau-forte pure, à toutes marges.

465. *Fénelon.* Un portrait et huit fig. in-12 de Devéria pour les *Aventures de Télémaque.* Epreuves à l'eau-forte pure, à toutes marges.

466. *Florian.* Suite de quatre-vingt-cinq figures d'après Que-verdo pour *les Œuvres.* Epreuves remargées in-4, cart.

467. *Galland.* Suite de six figures in-12 de Westall, pour les *Mille et une nuits.* Epreuves avant la lettre sur papier de Chine. On y a joint, 4 p. diverses. Ensemble dix pièces.

468. *Hugo* (Victor). Vignettes in-8 sur bois et sur acier pour les *Œuvres.* Quarante-sept pièces, plusieurs sont avant la lettre.

469. *Hugo* (Victor). Illustration des *Œuvres complètes* par Fr. Flameng. *Paris, Hébert.* Dix livraisons.

470. *La Fontaine.* Un portrait et vingt-quatre figures in-18 de Desrais, pour *les Contes.* Belles épreuves à toutes marges.

VIGNETTES

471. *La Fontaine.* Suite de quarante figures in-18, d'après Duplessis-Bertaux, Monnet, Dugoure, Sergent et autres,
pour les *Contes.* Epreuves avant la lettre, in-12, demi-
rel. (On y a joint sept planches doubles).

472. *Métastase.* Vingt-trois figures in-8 d'après Cipriani, Cochin,
Martini et Moreau. *Ed. Vve Hérissant,* 1780-1782. Epreuves tirées in-4, demi-rel. chag. rouge.

473. *Molière.* Suite de Trente-quatre estampes pour servir à l'illustration des *Œuvres,* dessinées et gravées à l'eau-forte
par A. Lalauze. Epreuves sur papier Whatmann (N° 72)

474. *Rabelais.* Suite de quinze eaux-fortes par Bracquemond.
Edition Lemerre, 1872, in-8 br.

475. *Rousseau* (J.-J.). Un portrait par A. de St-Aubin et vingt-
huit figures in-4, pour les *Œuvres.* Edit. de Londres,
1774. Demi-rel. chagr. rouge. Très belles épreuves sur
papier fort, vingt sont avant les numéros.

476. *Rousseau* (J.-J.). Suite de quarante-deux figures et portraits
in-8 d'après Devéria pour les *Œuvres.* Edit. Dalibon.
Epreuves avant la lettre. In-4 cart.

477. *Thiers* (Ad.). Vignettes d'après Scheffer pour l'*histoire de
la Révolution Française.* Ed. Perrotin. Soixante-dix-neuf
pièces in-4, sur papier de Chine, demi-rel. (la plupart
sont avant la lettre).

478. *Thiers* (Ad.). Suite de cent vingt-cinq vignettes et portraits
pour l'*Histoire de la Révolution Française.* Ed. Furne. In-4,
demi-rel. mar. roug. av. coins, tr. d , non rog.

479. *Thiers* (Ad.). Vignettes et portraits pour *le Consulat et l'Empire.* Dessins par Raffet *Paris. Furne et C*ⁱᵒ, 1846. Cent
quatre-vingt-douze portraits et figures in-4, demi-rel.
mar. avec coins, tr. dor., n. rog. (Petit).

VIGNETTES

480. *Thiers* (Ad.). Collection de trois cent cinquante gravures, dessins de Philippotaux, etc., pour l'histoire du *Consulat et de l'Empire*. Paris, Lheureux et Cie, 1870. Epreuves sur papier de Chine. (Tirage à 50 exempl.)

481. *Virgile*. Suite de vingt-trois figures in-4, d'après Gérard et Girodet pour les *Œuvres* Ed. Didot. Epreuves à toutes marges, in-fol., cart.

482. *Voltaire*. Fleurons de titres, en-têtes et figures d'après Monnet et autres pour les *Romans et Contes*, Ed. de Bouillon. Soixante-dix pièces.

483. *Voltaire*. Un portrait de Jeanne d'Arc et vingt-une figures in-8, d'après Marillier, Monnet et autres pour la *Pucelle*. Epreuves sans les cadres.

484. *Walter-Scott*. Soixante-dix fleurons de titres, dessinés et gravés par les Johannot pour les *Œuvres*, Ed. Charles Gosselin. Epreuves avant la lettre sur papier de Chine in-4, demi-rel.

485. *Walter-Scott*. Fleurons et vignettes pour *les Œuvres*, Ed. Ch. Gosselin, 1826. Cent soixante-dix pièces in-12, demi-rel.

486. *Walter-Scott*. Réunion de cent soixante-dix portraits et vignettes in-8 pour *les Œuvres*. Editions françaises et anglaises, demi-rel. mar. rouge avec coins, tête dor., n rog. (La plupart des épreuves sont avant la lettre)

VIGNON (Claude)

487. Jésus-Christ guérit la Belle-mère de St Pierre (R. D. 7). Eau-forte originale.

VILLAMENA

488. Sujets religieux. Six pièces in-fol. Belles épreuves.

WAGNER (A.)

489. Sujets tirés de la Bible, d'après Amiconi et Zocchi. Huit pièces in-fol. Belles épreuves.

WATERLOO (Ant.)

490. Partie de son œuvre. Quatre-vingt-douze pièces. Belles épreuves.

WATTEAU (Antoine)

491. Portrait de l'artiste d'après lui-même. In-8. Très belle épreuve.

492. Figures de Modes, dessinées et gravées à l'eau-forte par Watteau et terminées au burin par Thomassin le fils. Titre et sept pièces (R. D. 1-7). Très belles épreuves.

493. La Troupe Italienne (R. D. 8). Superbe et très rare épreuve du 2e état avec l'adresse de Sirois. Petites marges.

WATTEAU (d'après (Ant.)

494. Bon Voyage, par B. Audran. Très belle épreuve, grandes marges.

495. La Contredanse, par Brion. Très belle épreuve, marges.

496. Louis XIV mettant le cordon bleu à Mgr le duc de Bourgogne, par N. de Larmessin. Très belle épreuve, petites marges.

497. Mezetin, par B. Audran. Très belle épreuve, grandes marges.

WEIROTTER (d'après)

498. Titre. Paysages. Vues. Sept pièces. Belles épreuves.

WILLE (J. G.)

499. *Charles, Prince de Galles*, d'après Tocqué. 1748. Belle
épreuve à toutes marges.

500. *Largillière* (Marg. El. de), d'après N. de Largillière. Belle
épreuve.

501. *Louis XV*, en buste, d'après Le Moyne. — *Louis XV* à cheval,
d'après Parrocel. — *Louis*. Dauphin de France. — *Marie-
Joseph de Saxe*. — *Henry Benoit*, 2ᵉ fils de Jacques Stuart.
— *Saint Florentin* (Comte de). Six portraits in-4 et in-fol.
Belles épreuves.

502. *Marigny* (Marquis de), d'après L. Tocqué (Le Bl. 125). Belle
épreuve.

503. Le Petit Physicien. — Tricoteuse hollandaise. — Jeune
Joueur d'instruments. — Les Soins maternels. — Les
Délices maternels. — Mort de Cléopâtre. Six pièces.

504. Petite Ecolière. — Maîtresse d'école. — Sapeur des Gardes
suisses. — Tante de G. Dow. — Bons Amis. — Repos
de la Vierge. — Portraits et Paysages. Seize pièces. Belles
épreuves.

ZIX (B.)

505. La Prise de tabac. — Un Général. — Le Cavalier et son
cheval mort. — Vivandière de l'armée. — Traineur de
l'armée. — La Halte. — Le Délassement. — Bivouac
de l'Infanterie légère. — Bivouac de Hussards. — Le
Blessé, 2 états. — Paysage. Treize pièces. Belles épreuves.

506. — Sous ce numéro, il sera vendu par lots environ 10.000 Estampes anciennes et modernes de toutes les écoles. Lithographies, eaux-fortes, photographies, portraits, vignettes, vues, architecture, reproductions et réimpressions, etc., etc.

DESSINS

507. Sous ce numéro, il sera vendu par lots environ 2.000 dessins anciens et modernes de toutes les écoles.

RECUEILS

508. **Adam** (Victor). Passe-temps. Soixante-six lithog. in-4, demi rel.

509. **Album Chinois**. Les Supplices. Douze sujets peints sur papier de riz.

510. **Album Chinois**. Réunion de treize sujets peints sur papier de riz.

511. **Amman** (Josse). Cavaliers, jouteurs, femmes à cheval, etc. Recueil de quatre-vingt-trois planches in-4 gravées sur bois *Frankfurt*, 1583 (Bartsch 5), incomplet de la planche 1er.

512. **Ancien Testament** (L') mis en figures. De l'Imprimerie de P. Mariette. S. d. (vers 1650). Deux cent trente-six pièces, in-4 obl., demi-rel.

513. **Baudouin** (S. R.). Exercice de l'Infanterie Française ordonné par le Roy le 6 may 1755, dessiné d'après nature dans toutes ses positions. *Paris*, 1757. Titres, tables et soixante-trois planches in-fol., cart. (La plus grande partie des épreuves sont avant la lettre).

514. **Baurn** (J.-G.). Iconographiae completens in se Passionem Miracula Vitam Christi universam etc. A *Melchior Kyssel*, 1670, gr. in-4 obl., rel. vél. (Ouvrage orné de 150 planches gravées).

515. **Bella** (Della). Divers exercices de cavalerie. Suite de douze pièces in-18, demi-rel. chag.

516. **Bolswert** (B.). La Forest des Hermites et Hermitesses
d'Egypte et de la Palestine, d'après Ab. Blommaert.
Anvers, 1619 In-4, rel. vél. Ouvrage orné de cinquante
et une planches gravées.

517. **Brand**. Son œuvre gravée, comprenant cent trente-trois
pièces de tous formats, réunies en album in-fol. demi-rel.
(La plupart des pièces sont en épreuves d'artistes).

518. **Brand** (F.). Réunion de quarante costumes et métiers
gravés par F. Brand. In-fol. cart.

519. **Bry** (Th. de). Parnassus cum imaginibus, Musarum Deo-
rum que præsidum Hippœrenes. 1613. Titre et vingt-
quatre planches in-4, rel. vélin.

520. **Bry** (Th. de). Electio et Coronatio Sereniss. Potentiss. et
Invictiss. Principio et Dn. Dn. Matthiæ I. Electi Rom.
Imperat. Semper Augusti etc. Ejusq Sereniss. Conjugis.
Annæ Austricæ etc. Titre et 12 planches in-4 ob., demi-
toile.

521. **Cabinet Poullain.** Collection de cent vingt estampes
gravées d'après les tableaux et dessins qui composaient
le cabinet Poullain. A *Paris, chez Basan et Poignant*,
1781, in-4, cart., n. rog.

522. **Campagnes d'Italie** (Tableaux historiques des) depuis
l'an IV jusqu'à la bataille de Marengo. *Paris, Auber*,
1806, dem.-rel. chagrin. (Estampes gravées d'après les
dessins de Carle Vernet).

523. **Catherine de Sienne** (La vie de). *Paris, chez Jean Le
C. . c, 1607.* Titre, portrait et trente-deux planches gravées par J. Le Clerc. Petit in-4, cart.

524. **Cavalerie**. Planches relatives à l'ordonnance du Roi, du
6 décembre 1829, sur l'exercice et les évolutions de la
cavalerie. *Paris, de l'imprimerie Royale, 1829.* Cent vingt
planches, in-4 broché.

525. **Chertablon** (de). La Manière de se bien préparer à la mort, par des considérations sur la Cène, la Passion et la Mort de Jésus-Christ, avec de très belles estampes emblématiques. A *Anvers, chez Georges Gallet, 1700.* In-4, dem.-rel. Quarante planches gravées.

526. **Collaert** (Adrien). Solitudo sive Vitæ Fœmininarum anachoritarum. Titre et quarante estampes in-4 obl., dem.-rel.

527. **Costumes orientaux.** Plusieurs descriptions des accoutrements tant des magistrats et officiers de la Porte de l'Empereur des Turcs que des peuples assujettis à son Empire. Recueil de soixante-dix-sept costumes. Pet. in-fol. br. On y a ajouté un dessin représentant une fille de joie turque et une table manuscrite

528. **Caylus** (Le comte de). Recueil de testes, de caractère et de charges, dessinées par Léonard de Vinci Florentin. Titre et planches in-4, cart.

52). **Danckerts** (Corn.). L'ancien et le nouveau Testament. Recueil de 150 planches. In-4 obl., rel. vél.

530. — Le même ouvrage. Gr. in-4 obl., cart.

531. **Devéria** (A.). Sujets variés. Recueil de vingt-cinq lithographies. In-4, cart.

532. **Devises.** Recueil de douze devises du 17e siècle dans des cadres ornés. In-12 obl., cart.

533. **Dieu** (d'après Ant.). La passion de Notre Seigneur et autres sujets religieux. Réunion de vingt estampes. In-4, cart.

534. **Doctrine des Mœurs** (La). A *Paris, chez Pierre Daret,* 1646. In-4 br. Nombreuses figures.

535. **Dujardin** (Karel). Etudes d'animaux et portrait de De Vos. Cinquante-trois pièces. In-4 obl , rel. vélin.

536. **Duplessis-Bertaux**. Notice historique sur la gravure à l'eau-forte et sur les artistes qui s'y sont distingués, accompagnée de divers sujets exécutés dans ce genre. *Paris, de l'imp. de Le Blanc, 1817*, pet. in-4 obl., cart. (douze planches gravées).

537. **Duplessis-Bertaux**. Histoire de l'Enfant prodigue en douze tableaux, tirée du Nouveau Testament. *Paris, de l'imp. de P. Didot l'Aîné, 1816*. In-4 dem.-rel

538. **Duplessis-Bertaux**. Vie de l'Enfant prodigue, 12 p. — Recueil de sujets de divers genres, 28 p. Ensemble quarante pièces gravées à l'eau-forte. In-8 obl. dem.-rel.

538 *bis*. **Dürer** (Albert). La Petite Passion (B. 17-52). Suite de trente-six gravures sur bois. Belles épreuves avant le texte au verso. Pet. in-4 rel. v. ant. (Manque la pl. 16. L'homme de douleur).

539. **Fragonard** (Th.) et **Challamel**. Vie de Jésus Christ, tirée de l'histoire universelle de Bossuet. *Paris, Challamel, s. d.* Vingt lithog. in-4 sur papier de Chine, rel. veau rouge, ornements dorés.

540. **Galle** (Corn.). Recueil de portraits de Saints et fondateurs de la religion. Titre et trente-sept portraits. In-4 br.

541. **Galle** (Ph.). Passion, mort et résurrection de Notre-Seigneur Jésus-Christ. Suite de quarante figures in-4 d'après J. Stradan. S. d., cart.

542. **Galle** (Th.). Variæ Architecturæ Formæ. A Joanne Vredemanni Vriesio magno Artis Hujus Studiorum commodo inventæ. *Anvers, J. Galle, s. d.*, in-4 obl. rel., chaq. bord. graufrée. Ouvrage orné de 112 planches.

543. **Ganière**. Le Chemin Royal de la Croix. Titre et trente-six fig. in-8 cart.

544. **Garneray** (L.). Ports de France. Soixante-quatre planches gravées à la manière noire. Gr. in-4 obl., dem.-rel. mar.

545. **Gheyn** (Jacob. de). Sujets religieux. Réunion de trente-quatre pièces in-8 cart.

546. **Gillot** (C.). Nouveau recueil d'estampes faites pour l'Edition in-12 des fables de M. de la Motte. *Paris, s. d.,* in-12 rel. vélin. Cent douze pièces tirées hors texte. (Incomplet des planches 13 et 14.

547. **Gillot** (D'après C.). La Vie de N. S. Jésus-Christ Suite de cinquante-six estampes en album in-4, toile.

548. **Giovannoli** (Alo.). Vedute Degli Antichi Vestigi di Roma. 2 part. en un vol. in-4 obl. dem.-rel. (Cent six planches gravées).

549. **Guerres de Religion**. Recueil de soixante et onze estampes d'après Tortorel et Perissin. Ed. Allemande. Quinze estampes faisant suite. Ensemble quatre-vingt-six pièces in-4 obl., dem.-rel. chagr.

550. **Histoire Romaine**, représentée par des figures, accompagnée d'un précis historique d'après les dessins de M. Mirys. Ouvrage destiné à l'Instruction de la Jeunesse. *Paris, chez Mirys,* 1804. In-4 dem.-rel. chag. Titre et cent quatre-vingt planches.

551. **Hommes Illustres François** (Les Portraits des) qui sont peints dans la Gallerie du Palais Cardinal de Richelieu. *A Paris, chez Henry Sara,* 1650. In-fol cart

552. **Ingres** (Œuvres de J. A.) gravées au trait sur acier par A. Reveil. *Paris, Didot frères,* 1851. In-4 cart.

553. **Kilian**. Recueil de quarante-trois portraits in-8 de Souverains d'Espagne et d'Allemagne ; gr in-8 cart.

554. **Klauber**. Sujets tirés de la Bible. Collection de cent pièces. In-4 obl. cart.

555. **Küssel** (Melchior). Biographie du prince et héros grec Ulysse, etc. Titre et cinquante huit planches gravées. 1705. Pet. in-4, rel. veau.

556. **Küssel** (Melchior). Johann Wilhelm Bauzen under schidliche prospectus Welcher in dennen landen Italiæ. *Augsburg*, 1681, pet. in-4 obl., r. veau brun (Quarante eaux-fortes très finement gravées).

557. **La Fontaine** (Fables choisies de), ornées de figures lithographiques de : Carle Vernet, Horace Vernet et Hippolyte Lecomte. *Paris, à la lithographie d'Engelman*, 1818. Quatre-vingt-six planches, gr. in-4 obl., cart. toile.

558. **Le Pautre**. Cabinet des Beaux-Arts. Douze planches in-4 obl., cart.

559. **Le Clerc** (Chez Jean). Icones Prophetarum Veteris Testamenti. Vingt portraits et titre d'après J. Stradan, gr. in-8 br.

560. **Le Clerc** (Séb.). Figures de la passion de N.-S. Jésus-Christ. Titre et trente-cinq figures in-12 obl., dem.-rel. Belles épreuves.

561. **Lithographies**. — Motifs variés par A. Devéria. Titre et 6 p. — Croquis de marine par St-Aulaire. Titre et 6 p. — Les Diables de lithographies, par Le Poitevin. Titre et 12 p. — Ombres fantastiques, par Le Poitevin. Titre et 12 p. — Fantaisies lithographiques, par divers artistes. Titre et 24 p. — Ensemble soixante-cinq lithographies in-fol. cart.

562. **Luyken** (Jean). Théâtre des Martyrs, depuis la mort de J.-Christ jusqu'à présent, représenté en très belles tailles-douces par le célèbre graveur Jean Luyken. *A Leyde, chez Pierre Vander Aa.* In-4 oblong, rel. vélin. Cent seize planches gravées.

562 *bis*. **Marine**. Trois Albums de Vaisseaux, Barques et bateaux, par Legouaz, Beaugean et autres. Cart.

563. **Mechel** (Chrétien de). Œuvre de Jean Holbein ou Recueil de gravures d'après ses plus beaux ouvrages, accompagnés d'explications historiques et critiques et de la vie de ce fameux peintre. *A Basle, chez l'auteur*, 1788. In-4, dem.-rel. (On y a ajouté les portraits de l'auteur et de Georges Eliott).

564. **Millin**. Atlas pour l'édition allemande du voyage dans les départements du midi de la France. Recueil de quatre-vingt-neuf planches gravées et lithographiées. In-4 obl., cart. (Exemp. de Monsieur J. B. Eyriès, géographe).

565. **Mirys** (d'après de). Figures de l'histoire Romaine. Suite de vingt-quatre pièces in-4, cart.

566. **Mitelli** (J. M.). Proverbes. 1678. Suite de un titre et quarante-huit estampes, in-4, demi-rel. mar.

567. **Moreau le jeune** (d'après J. M.). Figures pour le Nouveau Testament. Quatre-vingt-une pièces in-8, demi-rel. chagr.

568. **Moreau le jeune et Lépicié** (d'après). Figures pour l'histoire de France. Titre et cent cinquante-cinq planches in-4, rel. veau.

569. **Negges** (I. S.). Vita et Facta Jesu Christi. Titre et dix planches in-fol., demi-rel. vélin.

570. **Nouveau Testament.** Suite de deux cent quatre-vingt-trois estampes inventées et dessinées par Catherine Sperlingen et gravées par Ph. G. Harder. *Augsburg, chez J. S. Negges, s. d.* Pet. in-4, obl. dem.-rel. bas.

571. **Ovide** (Les Métamorphoses d'). Suite de un titre et cent trente-huit figures in-8 d'après Eisen, Moreau, Boucher et autres. *Ed. Banier*, tirage sans les cadres. In-8, demi-rel. veau.

572. **Ovide** (Métamorphoses d'). Recueil de cent cinquante gravures de A. Aubry d'après les dessins de J. W. Baur. *Nuremberg, chez Paulus Fürst, s. d.* (vers 1650). In-4 obl. cart.

573. **Ozanne** (d'après N.). Les Ports de France. Suite de trente-quatre estampes in-4 obl. gravées par G. Le Gouaz, d.-rel. vélin. (Très belles épreuves).

574. **Passe** (Crispin de). Recueil de seize portraits et titre. In-8 br.

575. **Parrocel** (d'après). Les Miracles de la Vie de Notre Seigneur Jésus-Christ. A *Paris, chez Audran*, quarante estampes in-4 obl. cart.

576. **Picart.** Solitudo Siva Vitæ patrum Eromicolarum. Titre et cinquante-deux planches in 4 obl.

577. **Raffet et Bellangé.** Croquis pour l'amusement des enfants 1828-1829. 10 lithog. (H. G. 297-306). Planches d'album. 16 p. Ensemble vingt-six lithog. in-4, cart.

578. **Recueil** d'estampes gravées d'après les tableaux du Cabinet de Monseigneur le Duc de Choiseul par les soins du Sr Basan. 1781. In-4, cart., non rog.

579. **Recueil** de vingt-huit figures religieuses par différents artistes des 16 et 17e siècles. In-4, rel. vélin.

580. **Ridinger.** Chasse. Réunion de quatorze estampes in-fol. cart. Belles épreuves.

581. **Rosa** (Salvator). Costumes militaires. Soixante pièces in-4, cart. (Tirage postérieur).

582. **Sainte Bible** (Figures de la), accompagnées de briefs discours. *Paris, Le Clerc*, 1614, 2 part en un vol. pet. in-fol., demi-rel. (Belle suite de cent soixante-huit gravures sur bois).

583. **Saint-Non**. Recueil de Griffonis, de vues, de paysages, de fragments antiques et sujets historiques gravés à l'eau-forte et au lavis par l'abbé Saint-Non d'après différents maîtres. Grand in-fol., demi-rel. vélin. (Cent cinquante planches gravées).

584. **Stradan**. Nova reperta. Titre et 20 planches dont 11 dernières avant les numéros. — Chasses, 6 et 6 planches. — Bêtes féroces, fauconnerie, oisellerie, bêtes fantastiques. 24 planches avant les numéros. — Sujets divers, 3 planches. Ensemble soixante pièces in-fol. obl., veau antique, filets.

585. **Tempesta** (Ant.). Divers sujets tirés de l'Ecriture Sainte qui représentent les combats et autres actions militaires. Suite de vingt-cinq estampes gravées à Rome en 1613. (Bartsh 235-259). — Les sept merveilles du monde (1453-1459). Ensemble trente-deux pièces in-4 obl., demi-rel.

586. **Tempesta** (Ant.). Histoire des sept enfants de Lara d'après Otto Vœnius. *Anvers*, 1612. Titre et quarante planches in-4 gravées, br.

587. **Vernet** (Salon d'Horace). Réunion de quinze planches gravées. Epreuves avant la lettre sur papier de Chine. In-4, demi-rel.

588. **Veyrassat** (J.). Eaux-fortes. Recueil de quatorze pièces in-4, cart. (Couverture conservée).

589. **Visscher** (N.-J.). Acta Apostolorum elegantissimis iconibus summo artificio delineata a duobus præstantissimis pictoribus Belgis. Titre et 48 pl. d'après Stradan, in-4 oblong, demi-rel.

590. **Vœnius** (d'après Otto). Vie de S. Thomas d'Aquin. *Anvers*, 1610. Titre et 30 planches in-4, rel. vélin.

591. **Vos** (Martin de). Les Ermites. Soixante planches in-4 obl., rel. veau.

592. **Watteau** (d'après Ant.). Livre de différents caractères de têtes. Recueil de cinquante-deux pièces gravées par Fillœul, gr. in-8, cart.

593. **Zocchi**. Vues de Florence. Suite de douze estampes in-fol. en larg., cart.

GRANDE IMPRIMERIE DU CENTRE. — HERBIN, MONTLUÇON.

9 782329 540870